孙中山与他的秘书们

主编 梅宁

孙中山与戴季陶

高萍萍 顾武英 著

南京大学出版社

"孙中山与他的秘书们"系列丛书

编委会

主　任
姜　宸

副主任
廖锦汉

主　编
梅　宁

副主编
佘明贵

编　委

目　录

引　子

在风景秀丽的南京中山陵园,有众多纪念性建筑,按照统一的布局,精心安排,散处于巍峨壮观的中山陵墓的周围。这些纪念建筑不仅是建筑史上的精品,具有极高的艺术价值,更重要的是,它们寄托了捐建者、设计者和建造者对伟大的民族英雄、中国民主革命先行者孙中山先生崇高的敬意和永恒的怀念。位于中山陵广场南端的孝经鼎,就是其中之一。

孝经鼎,紫铜质地,鼎高约 4.67 米,腹径 1.33 米左右,重达万斤。铜鼎外观呈圆形,三足两耳,下部为铜鼓状底座,通体饰有花纹,平面光滑如镜,正中刻有一个五角星;腹部朝北一面铸"智、仁、勇"三个楷书字,是孙中山先生对革命军人的要求,向南一面原铸"忠、孝、仁、爱、信、义、和、平"八个楷书字,是孙中山先生概括的中国人的传统"八德";上部沿铜鼎口向上为一座六柱、三重檐的六角攒尖顶亭子,屋面雕有小瓦,亭内竖有一六角形铜牌,上刻国民党元老戴季陶之母黄太夫人手书《孝经》全文,故而得名"孝经鼎"。

铜鼎安置于一座三层八角形石台基座上,石台下面约 3 米深的地基中,埋藏着一只石匣子,石匣中装有一只一方尺大小的古铜色箱,箱内贮存着在南京的中山大学师生所恭录的孙中山先生全部遗教。箱面刻有总理遗嘱,为戴季陶亲笔所书。

这座鼎鼎大名的孝经鼎及其石台均由曾任广东中山大学校长的戴季陶与中山大学的师生所捐建。1932 年动工,1933 年建成,全部造价时银三万余元。孝经鼎曾一度移至中山陵陵门前的广场上。1985 年后又重新安放于此。

捐建孝经鼎,并为孝经鼎手书,对此鼎的设计和铸造都极为重视的戴季陶,正是孙中山多年的革命战友和得力助手。1932 年 4 月,他曾以书面形式向有关部门提出自己的意见。宝鼎的造型及其成功铸造都体现了他遵循中山先生遗训的思路。

戴季陶,何许人也?戴季陶(1891年—1949年),原籍浙江吴兴(今湖州)①,生于四川汉州(今广汉),初名良弼,后名传贤,字季陶,又字选堂,笔名天仇,晚年号孝圆,曾受药师灌顶,法名不空,又受时轮金钢灌顶,法名不动。先世家境贫寒,祖父行侠仗义,父亲行医乡里,负有盛名。他7岁②入私塾,11岁入东游预备学校,掌握日文听说读写能力。后留学日本,加入同盟会。辛亥革命后追随孙中山,参加二次革命和护法战争。五四期间,思想激进,也是中国马克思主义最早的研究者之一。曾先后担任黄埔军校政治部主任、国立中山大学校长、国民党中央宣传部部长、考试院院长等职。有蒋介石的"国师"之称,是蒋介石的忠实"智囊"。是中国国民党元老,中国近代史上重要的政治人物和思想者。

在长达近半个世纪的政治生涯中,戴季陶的前20多年,追随中国伟大的民主主义革命先行者孙中山先生的理想与事业,献身革命,殊有功勋,可以说是当之无愧的战友。孙中山去世后,他又最终成为国民党内最重要的反共理论家,进而成为孙中山三民主义学说和革命事业的"叛逆者",因而被人诟病。他的一生矛盾诸多。可以说是随波逐流,也可以说是本身的局限所致,原因多种多样,见仁见智。然而,他的复杂性和多面性,正是与其所生存的近代中国时空的复杂性和多面性相对应的,在这个意义上说,"理解戴季陶,无疑也为理解近代中国提供了一条极为重要的线索"。

一位著名的西方政治学家曾说:"领袖人物是一团热情的火,但如果没有助手,在他身后只能留下灰烬。"这句话正好是一代革命领袖孙中山和一个多面孔具有复杂性的政治人物和思想者戴季陶之间的相互关系写照。

孙中山先生为中国革命奋斗凡四十年,经历了旧、新两个民主革命阶段,深刻地影响了中国历史的进程。四十年间,他屡遭挫折而坚持不懈地奋斗,建

---

① 一说戴家原籍安徽,后迁至浙江,乾隆末年定居四川省。

② 一说6岁。

树了丰功伟绩,留下了宝贵的精神遗产。这是他自身伟大的思想、意志、品格的结晶,也是其助手们,包括戴季陶在内,拥护、合作、支持和赞助的结果。戴季陶作为他的秘书、国民党的要员、日本问题的专家,无可厚非地说,他为孙中山的理想和事业,贡献了自己所有的力量。孙中山的精神、品格、主义,当然也对他的一生产生重要影响。

20世纪初,革命思潮风起云涌。由于孙中山等大批革命志士亡命东渡,日本成为中国革命的中心。戴季陶像那时许多的青年一样,怀着赴东瀛寻求真理的热切愿望,踏上了去日本留学的道路。回国之后,他迈入新闻界,担任《天铎报》的总编辑,不久结识同盟会的会员雷铁崖,经雷敦促,赴南洋,担任革命党在马来西亚的机关报《光华(日)报》主编,并经雷铁崖介绍加入中国同盟会。1911年武昌起义爆发,年底,孙中山自美洲返回,抵达上海码头,戴季陶以记者及党员资格,第一次正式谒见孙中山,即受到孙中山的高度赏识,让他随同抵达南京,参加中华民国成立和孙中山就任临时大总统的典礼。

此后,戴季陶一直追随孙中山,在孙中山的革命生涯中发挥了重要作用。在南北议和时,他是较早认清袁世凯真面目的人之一,并曾予以无情地揭露和反击。在反袁斗争时,他是孙中山武力讨袁的坚决支持者。在护法运动时,他被任命为大元帅府法制委员会委员长、帅府秘书长和外交部次长。在五四运动时,他又受命孙中山,与沈玄庐、孙棣云在上海创办《星期评论》,尝试用马克思主义的经济学说,来说明中国的社会问题。在孙中山发表中国国民党改组宣言之时,戴季陶被任命为二十参议和改组五委员之一。此后任中国国民党中执委委员、中央监察常委、宣传部部长,后又任黄埔军校政治部主任和大本营法制委员会委员长。可谓深得孙中山的信任。

1924年年底,孙中山应冯玉祥之邀,北上共议"建设大计","谋中国之统一与建设",不料积劳成疾,肝病发作,住进协和医院。戴季陶闻讯前往北京,孙中山已被确诊肝癌,医治无效,于1925年2月24日,口述国事遗嘱,3月11日补签家事遗嘱,遗嘱由汪精卫笔记,戴季陶是在遗嘱上签字的证明人之一。

孙中山逝世后,戴季陶以孙中山嫡传弟子自居,向暂厝西山碧云寺的孙中山遗体棺椁敬献挽联:"继往开来,道统直承孔子;吊民伐罪,功业并美列宁。"此后,加强理论著述,先后撰写《国民革命与中国国民党》《孙文主义之哲学基础》等书,以他自己的意愿、主意,"继承""传播""孙中山思想"。

1932年,戴季陶对孝经鼎的建造极为上心,提出"圆形铜鼎,鼎上五方、三级,鼎亭全部黄铜吹色。向外正面刻八德字;向内正面刻智、仁、勇三字,全部集总理字。鼎内藏四方铜牌,上刻黄太夫人孝经。下面三级石台,四面栏杆石级全部雕花"。在铜鼎举行奠基礼时,他与国民政府主席林森共同出席,林森发表讲话,他致辞。致辞结束后,他与辛树帜两人小心翼翼地将一只铜箱放入石匣,并亲自用水泥填入石匣内封固,然后徐徐放入地基底部,随后开始建造石台,铸造铜鼎。

1949年,戴季陶因精神危机吞服大量安眠药身亡。他的人生在中华人民共和国诞生之前终结了。但他与孙中山的故事却凝结在"孝经鼎"中,流转于时空,待后人细细回味。

第一章
生逢时代　聚于一处

　　一个多世纪以前,中国积贫积弱,处于半殖民地和半封建社会的深渊。1866年,中国近代史上公认的伟人、民主革命的先驱孙中山先生诞生在广东香山。1891年,日后与腐朽的清政府有"不共戴天之仇"的戴季陶出生在四川广汉。为开阔眼界,戴季陶赴日本留学,此时,孙中山正在日本筹组同盟会。辛亥革命前后,怀着爱国报国的共同理想,戴季陶加入孙中山的革命队伍中。1912年元旦,中华民国南京临时政府成立,孙中山就任临时大总统。戴季陶开始到孙中山身边工作,逐渐得到孙中山信任,与之一起度过一段革命岁月。

一　风起云涌大时代

堪忧逆境　伟人诞生

　　19世纪,统治中国的清朝政府逆世界潮流而动,专制、闭关锁国。外国列强对中华民族的土地和资源虎视眈眈。两次鸦片战争均以清政府的屈辱让步而告终。中国自主、独立的地位开始丧失,领土完整遭到破坏。

　　19世纪中期,工业资本主义迅速发展。始于18世纪60年代,以棉纺织业的技术革新为开始,以瓦特蒸汽机的改良和广泛使用为枢纽,以19世纪30、40年代机器制造业机械化的实现为基本结束标志的英国工业革命率先完成。英国成为当时世界上最发达的资本主义国家,经济军事实力强大,对外扩张愿望强烈,以印度作为在亚洲扩张的基地,成了侵略中国的急先锋,目的是想要打开中国的经济及原料市场,廉价掠夺中国原料,并对华进行商品倾销。

由于中国的对外贸易此前一直处于优势地位,为扭转贸易逆差,英国开始对华走私鸦片,攫取暴利。

1838 年,清道光帝派湖广总督林则徐为钦差大臣,奔赴广东查禁鸦片。林则徐到任后,严行查缴鸦片 2 万余箱,并于虎门海口尽数销毁,是为"虎门销烟"。此举打击了英国鸦片走私贩的嚣张气焰,同时影响到了英国的利益。

为打开中国市场大门,英国政府以此为借口,决定派出远征军侵华,英国国会也通过对华战争的拨款案。1840 年 6 月 28 日至 1842 年 8 月,第一次鸦片战争发生,战争以中国的失败与赔款割地而告终。由此签署了中国近代史上第一个丧权辱国的不平等条约——《南京条约》,除赔款外,将香港岛割让于英国,并使英国得到领事裁判权。1856 年至 1960 年又爆发了在俄、美支持下的英、法联合发动的侵华战争,即为第二次鸦片战争。英国与法国为进一步打开中国市场,扩大在华侵略利益,趁中国太平天国运动之际,以"亚罗号事件"及"马神甫事件"为借口,联手发动战争。1860 年,英法联军攻入北京,致使清帝逃往承德,英法联军闯入圆明园并掠夺珠宝,将其焚毁。战争以清政府被迫签订《北京条约》而结束。第二次鸦片战争中,清政府先后签订了中俄、中美、中英、中法《天津条约》,中英、中法《北京条约》和中俄《瑷珲条约》等和约,进一步丧失了国家主权和领土完整。

鸦片战争前,自给自足的自然经济在中国占主导地位。鸦片战争后,随着列强向中国倾销产品和对中国丝、茶等农副产品的收购,中国逐渐被卷入世界市场。中国自然经济逐渐解体,客观上促进了中国商品经济的发展,有利于中国民族资本主义的兴起。

另一方面,鸦片战争的失败、领土等的丧失,把中国推向了半殖民地半封建的社会,救亡图存成为时代的主题。一些进步人士开始抛弃陈腐观念,注目世界探求新知,寻求强国御侮之道。围绕着向西方学习,形成一次次思想解放的潮流和运动,对封建思想起到一定冲击。鸦片战争期间,面对西方列强先进的武器装备,林则徐、魏源等人提出"师夷长技以制夷"的思想,揭开向西方学习、寻求救亡图存道路的序幕。之后,洋务派提出"中学为体、西学为用"思想,开启"洋务运动",迈出中国近代化的第一步,成为鸦片战争后中国社会变化的主流。

图 1-1　19 世纪末的中国人

在鸦片战争期间,珠江三角洲的人民奋起反抗,一方面反抗腐朽无能的清朝政府,一方面也反抗外国列强欺凌自己的家园。1851 年,洪秀全在广西桂平县金田村起义,此后建立起存续十多年的太平天国政权。

1866 年,距离太平天国运动被镇压已过两年,清朝政府统治中国已有 220 年的历史。西方列强依然一步步蚕食着华夏大地,广大人民生活于水深火热之中。而就在这个年头,即当年的 11 月 12 日,民族英雄、爱国主义者、中国民主革命的先驱孙中山先生诞生了。

孙中山(1866—1925),名文,字载之,号日新,又号逸仙,幼名帝象,谱名德明,化名"中山樵"等。他是中国近代民族民主主义革命的开拓者,中华民国和中国国民党的缔造者,三民主义的创立者和倡导者。他第一个提出"振兴中华",首举彻底反帝反封建的旗

图 1-2　孙中山当选为临时大总统时的肖像

帜,"起共和而终两千年封建帝制"。

孙中山生于广东省香山县(今中山市)翠亨村的农民家庭。青少年时代受到广东人民斗争传统的影响,向往太平天国反清事业,以"洪秀全第二"自许。1905 年(光绪三十一年)成立中国同盟会。1911 年 10 月 10 日(宣统三年),新军中的革命党人暗中联络,决定当天晚上起义,是为武昌起义,辛亥革命开始。辛亥革命后,孙中山被推举为中华民国临时大总统(任期 1912 年 1 月 1 日—1912 年 4 月 1 日)。1925 年 3 月 12 日,在北京逝世,1929 年 6 月 1 日,根据其生前遗愿,葬于南京紫金山。1940 年,国民政府通令全国,尊称其为"中华民国国父"。孙中山著有《建国方略》《建国大纲》《三民主义》等。其著述在逝世后多次被结集出版,有中华书局 1986 年出版的 11 卷本《孙中山全集》,人民出版社 2015 年出版的 16 卷本《孙中山全集》,台北 1969、1973、1985 年出版的《国父全集》等。

孙中山为了改造中国,耗尽毕生精力,在历史上留下了不可磨灭的功勋,也为后人留下了十分丰富而宝贵的精神遗产。

孙中山在童年时代大概就与一般的孩子不同。他 7 岁进入私塾,据说十分聪明,记忆力惊人,常常不满足于私塾中枯燥反复地诵读《三字经》《千字文》之类的文字,总是爱向老师提问"为什么"。他对老师说:"我读这些书却一点也不懂,有什么意思呢?"老师看他那副天真而又疑惑的神情,竟无言以对。更重要的是,孙中山在童年时代见到了许多不公平的社会现象,见到这些现象后,他久久难忘、气愤不平,心中埋下了将来要救国救民的种子。

有一天,孙中山在私塾里念书,忽然听到外面一片嘈杂声,原来是一批土匪在打劫一家刚从美国回来的侨商住宅。光天化日之下,大批的财物被抢走,却没有人敢上前阻拦,教师和其他的学生都跑了,但是孙中山没有,他一直站在那里冷静地看着这场野蛮的抢劫。被抢的华侨眼看着洗劫一空的房子,绝望地说:"多年来我冒着生命危险远渡重洋辛苦积攒的钱被强盗一下子抢去了,如果我留在洋人的地方,那里有政府和法律的保护,何至于此。回到自己的家园,反而没有保护了。"听着这位老华侨绝望的心声,孙中山的心里翻起了波澜。

1879 年,13 岁的孙中山随母亲杨太夫人,乘"格兰诺克"号轮船第一次到了檀香山(美国夏威夷首府)。远渡重洋的经历,使他"始见轮舟之奇,沧海之阔"。之后,他又先后五次到过檀香山。可以说他改造中国的志向就是从那里开始的。檀香山和他的革命生涯结下难解之缘。在檀香山,孙中山接受的是西式教育。西方的科技文明和制度文明对他的思想形成起了重要影响。在檀香山的五年,孙中山"有了浓厚的反对种族歧视,痛恶以强凌弱的意识",并"接受了基督教义中'平等''博爱'的思想,萌生了拯救民族、改造中国的雄心大志"。此后,他回国学医、行医。同时,与志同道合者论天下时事,曾起草国家改革方案《上李鸿章书》,未被采纳,又回到檀香山成立"兴中会",举起武装革命推翻清政府之大旗。

1896 年,孙中山因策划 1895 年广州起义失败后流亡海外,这年来到英国伦敦,被驻英清使馆诱捕,囚于馆内,幸得老师康德黎及伦敦民众营救而脱险,此即轰动一时的"伦敦蒙难"。"伦敦蒙难"后,孙中山作为"革命者"声誉鹊起,而他却用了将近 9 个月的时间逗留在大英博物馆的图书馆里读书,每天约 4 至 7 个小时。在这段时间里,孙中山博览群书,考察欧美政体,研究伦敦的政治和社会,他的思想和政治主张出现了质的升华,民族、民权、民生的三民主义之主张完成定型。孙中山第一次到檀香山求学时,产生了反对专制的民主思想;兴中会成立时,提出了"创立合众政府",体现了他的民权思想;此时,他考察欧美政体,发现了民生问题的重要性,希望将来能够有效地避免国家出现贫富不均的社会问题。

理论精深　戴氏服膺

孙中山的三民主义有"因袭吾国古有之思想",有"规抚欧洲之学说事迹者",有其"所独见而创获者",是"集合古今中外的学说,顺应世界的潮流,在政治上所得的一个结晶"。这个"结晶",深为后人所膺服。祖籍浙江吴兴的中国近现代史上的"宣传者",一生颇受争议的政治学说"理论家"——戴季陶,就是其中之一。作为辛亥革命的一员斗士,他早年信奉的是君主立宪,实际上是走改良救国的道路,但很快便转向了三民主义,服膺民主共和。他追随孙中山,又以孙中山的三民主义为名,形成了一套自己的思想理论体系"戴季陶主义",在中国近代发展史上起了不可忽视的作用。

此人何许能耐也?

戴季陶(1891—1949),谱名传贤,学名良弼,字选堂,复字季陶。1891年1月26日出生在四川广汉西街一个经商兼儒医的家庭。自称"蜀中野人",后来笔名"天仇"等,中晚年号"孝园",法号"不空"。"季陶"是他青年时代之后常用的名字。

戴季陶的先祖本是安徽徽州人,生息于徽州府休宁县隆阜小镇,或因躲避《南山集》案"文字狱,后来迁居浙江湖州府吴兴县。明清之际,几十年战乱,四川人口大

图 1-3　戴季陶

量减少,土地大片荒芜,"蜀省有可耕之田,而无可耕田之民",因此自顺治十年(即1653年)起,清政府在四川实行招民垦荒地的政策,这些政策吸引了湖北、湖南、江西、浙江、广东、福建等省大批移民入川落户,开荒辟地。戴家高祖便在乾隆末年迁入四川,到戴季陶这一代,其家居广汉已经是第5代了。

戴家高祖名为戴闻天,起初,他只身来到四川,在夔州、开县一带为人帮工,勉强度日。除夕祭神都舍不得用双烛,而以一盏油灯配一支蜡烛来祭祖,艰苦程度可想而知。以后几经辗转,从川东闯荡到了成都北不远的汉州,靠一个浙江同乡的接济和帮助,做起瓷器买卖。他学得做瓷器的手艺,开起了一间小店,名为"昌泰号",以求生意兴旺发达。由于专营江西景德镇的瓷器,以质取胜,经商有方,一时间"昌泰号"名声大噪。从此,戴闻天在广汉定居下来,娶妻得子,建家立业。戴氏家业两旺,很快成为广汉一带举足轻重的人家。

戴闻天之子戴跃龙,从小得到父亲艰苦创业的教育,长大后丝毫不敢也不愿铺张,仿效父亲用一灯一烛祭祖,以此来鼓励自己不断奋进。戴跃龙是个聪明人,在父亲的基业上,他又显示了卓越的经济头脑,生意更加兴隆。不但老昌泰财源滚滚,而且还扩大经营,又开了一片新昌泰瓷号。戴氏家业更加兴旺,达到顶峰。戴跃龙把父亲早期奋斗的故事讲给儿子听,告诫他们,今天的富裕兴旺是来之不易的,一灯一烛祭祖的故事在戴家成为家规,直到戴季陶身居民国要职时,他也念念不忘时时给自己的儿女讲述这个神圣的故事。

戴跃龙的儿子,即戴季陶的祖父,名叫戴廉。戴廉是个天性纯孝的人,尊师重道,慷慨尚义,远近皆赞美其具有侠义之风。他精通绘画,能画得一手绝佳的海棠图,却不善于理财,晚年由于商业不景气,两家瓷号都关闭了。戴廉则闲居在家,沉溺于丹青,过起宁静淡泊的生活。

戴廉的儿子名叫戴小轩,受其父影响,也精于绘画,但他受人秘传更擅长外科医术。戴小轩娶妻黄氏,黄氏受其指点,也精通治疗。夫妇二人,医术精湛,远近闻名。戴小轩共有四男三女,戴季陶是七兄妹中最小的一个,大哥传薪,二哥传荣,三哥传宜,大姐玉贞,二姐秀贞,三姐慧贞。戴季陶由于排行最末,自然最受宠爱。

戴季陶的母亲黄氏是湖北黄州人,家族世代经商,与戴季陶一样,她在兄妹中亦排行老幺。16岁就嫁与戴小轩。戴小轩先于黄氏作古,黄氏则独自行医,救贫苦者不可胜数。戴季陶回忆她时说,母亲"秉性慈祥,持家勤俭,侍尊嫜以孝,抚儿女以慈,族戚里邻曾无闲言"。

由于黄夫人笃信佛教,虔诚之心莫有能比,幼年的戴季陶曾常常跟随她烧香敬佛,当时多出好奇之心,并不能深领之意。许多年后,戴季陶突然醒悟,皈依佛门,幼年的敬佛成为契机,儿时的事情或对于他产生了深刻的影响。

除了母亲之外,对戴季陶一生影响极大的还有祖父戴廉和大哥戴传薪。戴季陶曾向别人讲述过他婴儿时期的一个传奇故事:戴廉风尘仆仆地回浙江吴兴修培祖坟,对祖宗行三跪九叩之礼后返回广汉,正值戴季陶满月大喜。戴廉怀抱小孙,深感祖宗之灵光,满心欢喜,不由得开怀大笑。此时,刚刚满月的戴季陶第一次见到祖父,竟然也大声笑起来。这是他出生以来的第一次发笑。这一笑使满堂宾客都惊讶无比,视为奇谈!自此,祖父对他无比钟爱,十分重视他的启蒙教育。仅1岁多,祖父就教他识字,并给他讲做人的道理。两三岁时便教他诵读。戴季陶竟"异乎寻常"的聪明,常常能够过目成诵。多年以后,戴季陶回忆起祖父教他读书识字的情景时说,他坐在摇篮里,看着祖父拿着一根四川特有的三尺多长的旱烟袋,一面吸着叶子烟,一面指点他一句句地读书。祖父如此和蔼慈祥,实在叫人难忘。

祖父的教导,使戴季陶的智力得到了较早的开发。祖父病逝时,仅6岁多一点的戴季陶,已经读完了《幼学琼林》《唐诗合解》和《诗品》等书,而且还能背诵其中的很多内容,书中大意也基本上能够理解。幼时的习惯培养了他对读书的兴趣,也激发了他强烈的求知欲。不久,戴季陶进了私塾,开始学着作一些对联和五言诗,也很快就能出口成诵,受到父兄、师长的赞赏。

然而祖父病逝后,戴家已经负债累累,生活日见困难。家中生计,除戴季陶的父亲一点收入之外,全靠他的哥哥戴传薪一面苦读,一面设私塾补贴家用。长兄对他的学习要求非常严格。10岁以前,戴季陶主要跟着塾师学习。几年的时间里,他熟读了"五经"及几部重要的史籍,曾两次点阅衰了凡的《纲鉴》,5次批点《通鉴辑览》。10岁以后,长兄在汉州纯阳阁设私塾,把他带在身边。他就在长兄的监督下制订了紧张的学习计划:每逢三、六、九日为作文时间,平日早读经、午阅史、晚上习诗文,每日要做默写经传的复习,读完功课后还得另写两三条300字以上的读书札记,日日不得有缺;默写经传时倘若有错,还要受到重罚。这为他以后的雄心壮志打下坚实的基础,为他今后思想的成长奠定传统文化的基石。

戴季陶幼时的读书经历,比起孙中山来,努力程度有过之而无不及。然而他没能像孙中山一样后来得到欧美文化的熏陶,而是去了东瀛日本求学深造,异曲同工地赶到了时代的洪流之中。

二　戴季陶日本求学,孙中山组织同盟会

刻苦学习　东游日本

孙中山去檀香山接受西方教育,原先是投奔出洋谋生的哥哥孙眉而去的。戴季陶之所以去日本,则得从封建王朝的科举制度发生变故说起。

1898 年戊戌变法之后,全国要求革新的呼声越来越激烈,清政府的腐朽统治摇摇欲坠。为维持自身统治,稳定民众反抗情绪,清政府开始"筹办新政"。措施之一就是废除科举制度①,创办新式学堂,并且选派一些青年学生出国留学,旨在培养为统治阶级服务的人才。一时间,办新学之风在全国上下兴起。

1901 年,才过 10 岁的戴季陶随两个兄长一道参加了科举童子试,大哥戴传薪顺利地考取了生员。戴季陶在州试和府试中名列前茅,但在院试时因不熟《易经》"为大赤"②而失却桂冠。第二年,大哥来到成都,在一所名为东文学堂的新学堂里谋到一份差事。他把戴季陶也带到了成都。在哥哥的帮助下,戴季陶第一次进入新式学校学习。这所新式学校名为"东游预备学校"。

"东游预备学校",顾名思义是为向东方(日本)留学而做准备的学校。借助清政府所谓"新政",趁着一些宽松的政策,当时的有识之士纷纷把眼光投向

---

　　① 　科举制度是中国古代读书人参加人才选拔考试的制度。它是历代封建王朝通过考试选拔官吏的一种制度。由于采用分科取士的办法,所以叫做科举。科举制从隋代开始实行,到清光绪三十一年(1905 年)举行最后一科进士考试为止,历经一千多年。明清两代考生首先参加童试,参加者无论年龄大小,一律称为儒童或童生。清童试分县、府、院三个阶段,院试合格后称为生员,也就是秀才。取得秀才资格后才能参加后面几级正式的科举考试。科举考试殿试第一名即为状元。科举考试后对及第者的优待和荣誉,是打动千百万知识分子乃至全社会人们的重要因素。科举制度影响了人们的文化心理,改变人们的价值观念,及第与否成为人生极喜极悲的重大因素。然而由于它在发展过程中越来越禁锢人们的思想,完全服务于皇权专制,最终把自身引向了绝路。

　　② 　《易经》卦象名。

海外,希冀能从外国寻求救国的真谛。中国的邻帮日本,早在明治维新后,国力强盛,制度文明,成为当时中国青年所向往的地方之一,对中国影响很大。清政府也从1896年开始,便派学生到日本留学。1898年后,清政府又命令各省督抚选派青年留学日本,并作为一项固定的政策。1901年后,还鼓励自费留学,学成归国,分别赏给进士、举人等各项出身,其用意在于"培植人才","以通中外之情"。1902年左右,四川当局还采取了几项向日本学习的措施:一是造就师资,即集选人士赴日本学习师范速成科,又在全省普设初级师范学堂,并对私塾讲师进行改造;二是考察西学,即以日本为楷模,将日本教育行政、学制规则、学科程级"无不洞悉本原,毕贯条理",全省效仿;三是延聘教习,即聘请相当数量的洋教习入川,以节省费用和时间,力求达到与留学他国"无异"的效果。

为了便于青年人留学日本,先期解决语言等方面的困难,许多地方办起了类似培训班一类的学堂。东文学堂就可算是其中之一。它培养的是留日预科生。招生要求也很高,学子都从各县的生员中选拔而来,一般的学生被拒之门外。学生入学后皆得学日语,并有日籍教习授课。东游预备学校则相当于东文学堂的先修班。或似现在的"学前班",过渡学校。这所学校也规定学生必须学日语,为以后的留洋做准备。学子大都是不能参加赴日留学的选拔,即暂时入不了东文学堂,却又有志于留学日本者。

图1-4 清末留日学生

创办东游预备学校的是一位江苏句容人，名叫徐炯，是东文学堂的监督，在当时名气很响，被称为"新学领袖"。校址设在成都江南会馆中。戴季陶小小年纪进入这所学校，为当时少有。他跟着徐炯读书，在其漫长的人生道路上，是一个值得纪念的起点。因为正是在他开始确立人生观之时，跟上了一位时代洪流中的先进者学习，这对他影响颇大。这位启蒙老师是个热心变革的新派人物，他对清政府的专制统治从心底里感到厌恶。他常常在课堂上灌输革命思想。1902 年前后的中国社会，革命风潮激荡。以孙中山为首的中国资产阶级革命派经历了一段艰难的奋斗历程后，终于迎来了一个革命大发展时期，革命的火炬在专制统治的黑暗中熊熊燃烧。或许此时的戴季陶已从先生的口中得知了孙中山等革命党人的大名，对他们也十分敬仰和向往与之相识。他总是被徐炯先生的演讲深深打动，甚至热血沸腾，恨不得自己小小年纪也投身革命。因此，有学者认为，在东游预备学校学习的时期，是他立志革命的起点。

图 1-5　少年时期的戴季陶

在东游预备学校期间，戴季陶除了在课堂上认真学习日语外，还通过长兄的介绍，跟随东文学堂的日籍教习服部操学习日语。服部操与戴传薪关系颇佳，也十分器重年幼好学的戴季陶，为他特地编创了一套混合教学法，辅导戴季陶。戴季陶刻苦认真，又聪明伶俐，很快就掌握了日常口语。通过服部操，戴季陶又经常与其他日本人接触，常常得到与他们交谈的机会，到十四五岁时，他已经能讲出一口流利的日本话了。戴季陶的日语水平在他日后的革命生涯中发挥了重大作用，他留学东洋几年，追随孙中山先生，并任其日文翻译，成为中国屈指可数的日本通等，都是因为此时通过不懈努力打下深厚的基础。孙中山曾高度称赞戴季陶的语言天赋，说他"日本话说得比日本人更好"。

进行初步的日语学习之后,戴季陶又于 1903 年考入客籍学堂高等科,在名师丁师汝和赵怡等先生的指导下,学业日益精进,除了传统的经史课程外,他还学到了自然科学知识。这一时期,他的民族主义革命思想日益增长,竟产生了一次质的飞跃。面对国家的日益衰败,官员的骄奢淫逸,年少的戴季陶感触颇深,竟与班上三个志趣相投的同学结拜为兄弟,发誓要推翻清政府的统治。如同孙中山在香港西医书院读书期间,与杨鹤龄、陈少白、尤列四人议论时政,针砭时事,组成“四大寇”一样,客籍学堂也产生了“四大寇”,这“四大寇”显然不为人知,年纪更是幼小。然而在客籍学堂时间不长,戴季陶便因反对学堂监督奉承权贵的拙劣行径,导致一场学堂风波而被校方开除。四川政府竟通令全省各学校不可收录戴季陶。后来,他不得已改名入教会所办的华英学堂,又 3 个月就被官府查知,被逼退学。国内求学之路就这样被阻断,戴季陶的东游求学之心便越来越迫切。

图 1-6　1905 年 8 月 20 日,中国同盟会在东京成立,成员黄兴、宋教仁、汪精卫皆是公派赴日留学生。图为会址坂本金弥邸

1905 年,在家人的支持下,戴季陶终于踏上了留学日本的道路。与他同

行的还有一位族兄。他们顺利地抵达了日本的东京。这一年,东京已成了中国革命党人汇集的大本营,同时也是中国各派人士展现自己的舞台。在这里可以听到各种关于中国命运之思潮和论调。这一年,中国同盟会在东京成立,一大批革命志士聚集在经过数年的奋斗和失败仍然壮志满怀的孙中山先生的周围。日本的留学生受其影响,倾向革命,越来越多的先行者加入革命的行列中。东京实际成为中国革命的第二战场。

满腔热忱　初见总理

这一年,年仅 14 岁的戴季陶开始对孙中山为首的革命党人给予关注和同情。1905 年 8 月,中国同盟会成立大会推举孙中山为总理时,他也在现场。此时的戴季陶,是一个具有了朴素的民族主义思想,还怀抱着拯救祖国的热忱的爱国青少年。自然而然也渴望凝聚在孙中山先生的周围。当他第一次见到孙中山时,心中立刻对他充满敬仰之情。陈天锡编辑的《戴季陶先生文存三续编》中这样记载:他"看见总理对同盟会的同志演说,知道总理是一个革命家,想到总理一定是很伟大的"。

图 1 - 7　武汉辛亥革命博物馆第二展厅中国同盟会成立场景。大会通过黄兴等人草拟的同盟会总章,选举孙中山为总理

孙中山自伦敦蒙难以后,不能久留英伦,因此,他于1897年7月乘船离开英国,绕道加拿大,8月抵达日本横滨,结交宫崎寅藏、平山周、头山满等日本友人,并赴东京拜访犬养毅,争取日本政府或民间人士支持中国革命。孙中山还试图与改良派谋求合作,以期共同救国,因保皇派人士康有为等固执己见,未能成功。

这一时期,孙中山活动的轴心,还是在团聚力量,创造条件,再次起义。1900年7月中旬,孙中山与宫崎寅藏等从新加坡乘船经过香港,在船上举行发难前的最后一次会议,对惠州起义做出重大决策。10月,在乙未广州之役流产5年后,惠州三洲田燃起了革命的火焰。以会党为主的义军在孙中山建议的指挥官郑士良的率领下英勇作战,起义初期取得顺利进展,清军被大败于佛子坳,义军从600余人发展到2万余人。但后因粮食、军械不能持续供应而导致起义失败。郑士良在弹尽粮绝、清军围困的处境下向全军宣布孙中山的指示,忍痛解散义军。帮助孙中山向义军送函传达命令的友人山田良政在归途中迷路被捕,成为第一位为中国革命牺牲的日本志士。

惠州起义失败以后,孙中山又于1901年4月由横滨到檀香山,与家人见面。6月,离开檀香山回到日本,接待留日学生,参加1902年4月在东京举行的"支那亡国二百四十二年纪念会",宣传革命思想等。年末又离开日本,到达越南,发动华侨,建立革命组织,并与法国印支政府官员会晤。1903年7月,孙中山乘法国邮船"亚拉"号从西贡再次抵达横滨。两个月后,又离开日本赴檀香山,与保皇派展开斗争。

1904年1月,孙中山在檀香山致公堂国安会馆加入洪门,受"洪棍"之职,并在檀香山组织中华革命军,在《檀山新报》发表《驳保皇报书》。同年年底,离开美国纽约到英国伦敦。

1905年1月抵达比利时布鲁塞尔,在留学生中建立革命组织。1月下旬,赴柏林、巴黎,建立革命组织。6月,乘"东京号"邮船离开马赛东返,途径新加坡,与尤列、陈楚楠、张永福、林义顺等会晤。7月19日,再抵日本横滨。7月下旬,赴东京,分别与黄兴、杨度、邓家彦等会晤,筹建同盟会。

在一系列的奔波、宣传,以及建立各地革命组织之后,1905 年 8 月 20 日,中国同盟会正式成立大会终于在日本东京举行。会上选举孙中山为总理,黄兴为庶务,协助总理主持本部工作。在此之前,随着革命思想的日趋觉醒,在日本的中国留学生已于 1903 年组织军国民教育会,1904 年,黄兴、宋教仁等领导成立华兴会,稍后诞生了蔡元培、章太炎主持的光复会。正是在多方了解各种团体、广泛联系兄弟组织成员的基础上,孙中山的组织工作达到了空前的高度和深度,决定创建

图 1-8 黄兴

统一的、全国性的资产阶级革命政党——中国同盟会。这个政党以三民主义为政治纲领,具有近代政党形态的意义,它在政治上、思想上和组织上都有与同时代的其他一些社团所不可比拟的优点,农民的秘密结社难以望其项背,维新派的"学会"团体也不可与之同日而语。它的伟大功绩就在于主要领导了1911 年的辛亥革命。此后,孙中山又不断在海外奔波,成立同盟会分会,同时到处筹集革命经费,为新一轮革命高潮的到来做好充分准备。

戴季陶虽然参加了中国同盟会的成立大会,但他在很长一段时间里并未加入同盟会及从事同盟会的革命工作。这是因为,他到日本来主要的任务还是学习。他与许多留学生一样,在长达四年的留学生涯中,"最大的希望""最出劲干的"就是要想把当时世界上先进的文明全部运输到中国来,"改革我们的中国"。且他第一次见到孙中山先生时,他只是个风华正茂的少年学生,而此时孙中山已近 40 岁,是同盟会的领袖,富有经验的革命家,由于年龄差距太大,这段时间他们没有什么交往。因此,戴季陶在日本虽见过孙先生,但并不就是与之相识,匆匆忙于革命的孙中山也还未与戴季陶结成忘年之交。

在日本期间,据说戴季陶很刻苦。他先进入一所师范学校学习,一说也曾入振武学校学习,1907 年秋转入日本大学法科,投入日本著名法学家笕克彦门下。日本大学是东京有名的 6 所私人大学之一,有 5 000 多名日本学生,中国学生也有千人以上。在学校里,戴季陶酷爱读书。他结交的几位四川同乡

之一谢健说他"嗜书如命,手不释卷,在东京长跑图书馆,日人著的汉学著作选读得很多,看书很快,我们偶尔看看书,总是他先看完。"后来与他在中山大学共事的朱家骅也曾这样说道:戴季陶是一个绝顶聪明的人,而且生来好学,虽在忙中,不废书卷,尤其看书之快,的确可以说一目十行……回国之后,戴季陶学的法政和师范等专业知识都派上了大用场。

图1-9 东京振武学校是为晚清留日陆军士官学校开办的预科班,遗址现为东京女子医科大学

通过在日本的留学,戴季陶的日文水平也有极大提高,一说简直到了以假乱真的程度。他还时常用"散红生"的笔名写散文、小说或诗歌,投寄日本报纸,报纸都争相刊登。他的写作特长,也逐渐表现出来。

另一面,戴季陶长得五官清秀、文质彬彬,在日本留学过程中,生活上也有好玩、放荡不羁的时候,是位风流倜傥的多情才子。他曾与一些朝鲜人士来往,并识得一个在日本留学的李姓皇族公主,是韩王叔辈的女儿。两人有过一段秘密交往,甚至相约订婚。但订婚之后,没过几天,对方却突然失踪,与他断绝了往来。不知是何原因,最后也没能找到答案。突如其来的变故,令戴季陶陷入深深的痛苦之中。幸好他年轻,初恋的甜蜜与酸楚,都被他深深地埋藏在心底,从此再未提起。

在日本期间,戴季陶也显露了出类拔萃的组织才能。1908 年,他与杨子鸿、胡霖等人组织了中国留日学生同学会,得到校方的许可和赞助。在筹备同学会期间,他充分发挥了自身的外交才干。典礼当天,日本文部省、清政府驻日使馆均有政府要人到会,日本大学校长及许多教授也出席大会,日本同学也前来观礼,使人数达 2 000 多人。在典礼上,戴季陶被推为临时主席,他用汉日双语致辞,博得满堂喝彩。戴季陶的才干与优秀,为即将回国的他施展抱负奠定了基础。

三 戴季陶参加革命,孙中山任临时大总统

共襄革命 推翻清廷

1909 年的中国,已经处于政治大变动的前夜。这一年的夏天,戴季陶从清凉的日本回到灼热的上海,准备好好干一番事业。不久,他投奔江苏巡抚瑞澂。当时,清政府所谓的预备立宪甚嚣尘上,各地纷纷举办法政学校,苏州也办了一个研究所。戴季陶毕业于日本大学法科专业,瑞澂便委任他为江苏地方自治研究所主任教官。

然而,在这个地方自治研究所里做事的人,多是些翰林进士,思想守旧者不少。戴季陶以一个 18 岁的青年留学生,高居主任教官之职,少年得志,锋芒毕露,却对官场上的阿谀拍马那一套一窍不通,其思想作风与周围的同事格格不入,便得罪了一些人。这些人想方设法排挤他。瑞澂奉旨调升湖广总督之后,戴季陶没了靠山,四面楚歌,最后只得辞官另谋生路。

戴季陶在清政府中的这一段不成熟的官场生涯也使其领悟到"立宪救国"只是幻想,不切实际。他思想上逐渐转向革命派,并投入到反对清政府的斗争中。

戴季陶离开苏州,来到上海,首先担任《中外日报》的新闻记者。他在报纸上发表评论性文章,尖锐抨击清政府假立宪的伎俩,反对封建专制,宣扬民主自由。但是《中外日报》隶属上海道台蔡乃煌,是官方报纸,改良色彩浓厚,不能容忍戴季陶激进的主张。短短一个月后,戴季陶便转入《天铎报》。他的名字也改为"戴天仇",暗示与清政府有不共戴天之仇。《天铎报》具有革命倾向,深受上海地区人民的欢迎,日销量达 4 000 份。戴季陶进入该报后,如鱼得水,不断发表自己的见解,很快为读者所熟悉。戴季陶的革命言论,犀利尖锐、煽动力极强,深受读者喜爱。于是,几个月后,他便成为总编辑,成了新闻界的风云人物。

图 1-10 《天铎报》报样

1911 年春,戴季陶因在《天铎报》多次发表时论,攻击清政府,触怒了两江总督张人骏,被下令拘捕,幸得上海会审公堂关炯报信,才躲过一劫。但此后,戴季陶在上海无法立足,只好亡命出走,先至日本长崎,两周后又潜回湖州,后又跑到云巢山道观。之后在南洋报人雷铁崖先生的电邀下,前往马来西亚槟榔屿,参与《光华日报》的编辑工作。

雷铁涯(1873—1920),四川留日学生,中国同盟会会员。他在赴南洋之前,曾在上海新公学等学校任教,以教育为名从事革命工作,并为《民声》的主要撰稿人。他也是南社社员。1910 年秋,名为应胡汉民之邀,实受孙中山先生之召,赴南洋筹办《光华日报》。

图 1‑11 《光华日报》是迄今世界历史上最悠久的华文报纸之一,1910 年由孙中山创办后,一直在槟城出版。图为《光华日报》旧址

雷铁涯虽未与戴季陶见过面,但早已熟悉"戴天仇"这一名字,也很欣赏他的文章。所以,他电邀戴季陶前往槟榔屿。在槟榔屿,两人气味相投,互相以《光华日报》为园地,全力鼓吹革命。约在 1911 年 2、3 月间,经雷铁涯、陈新政介绍,由黄金庆主盟,戴季陶加入了同盟会。

在槟榔屿,戴季陶又在雷铁崖等的介绍下,成了孙中山家的私人教师。当时,孙中山先生已经离开槟榔屿赴欧美筹款,但他的家属寄居在槟榔屿。戴季陶遂为孙中山的两个女儿——15岁的孙娫和14岁的孙婉讲授国文,孙家两位小姐每天跟他学习两个小时。这样,戴季陶便成了孙家的常客。但他没有机会与孙中山见面,对此,戴季陶曾十分遗憾地说:"这时,本人对于总理还是不大认识。"①

戴季陶真正与孙中山相见,是辛亥革命爆发后,孙中山从欧洲回国抵达上海的时候。

自同盟会成立以后,孙中山先生及其领导的民主革命派进行了持续不断的反清武装斗争。1907—1911年春,孙中山先生在华南和西南地区,先后策划了潮州黄冈之役、惠州七女湖之役、防城之役、镇南关之役、钦廉之役、河口之役、广州新军之役和广州"三月二十九日之役"(即黄花岗起义),共8次武装起义。在镇南关之役中,孙中山先生亲登镇北炮台轰击清军。令人扼腕痛惜的是,直到辛亥革命前夕,孙中山先生和他的战友们所策划的多次起义都失败了。但一次次的起义,不断动摇了腐朽的清政府的统治基础。尤其是广州"三月二十九日之役",被后人视作辛亥革命的序幕,孙中山说:"是役也,碧血横飞,浩气四塞,草木为之含悲,风云因而变色。全国久蛰之人心,乃大兴奋。怨愤所积,如怒涛排壑,不可遏抑。不半载而武昌之大革命以成。"

1911年(辛亥年)10月10日,轰动中外的武昌起义爆发了。武昌起义的枪声在辽阔的中国大地上迅速得到了响应。至1911年年底,中国一半以上的省份已经通过各种途径和方式宣告"独立"。清王朝覆灭已成定局。当武昌起义爆发时,孙中山还在国外,为武装起义筹款。几天后,他在美国芝加哥参加了当地同盟会分会召开的预祝中华民国成立大会,后赴纽约,拟定行动方案:由黄兴指挥湖北革命军,同清政府作战;朱执信、胡汉民等则在广东活动,策划粤省反正。随后,他又于11月中旬在英、法两国开展了广泛的活动,争取到舆论对中国革命的更多同情。12月,孙中山才从欧洲启程返回祖国。

---

① 范小方、包东波、李娟丽:《戴季陶传》,团结出版社,2014年2月,第52页。

孙任总统　季陶追随

1911年12月25日,孙中山先生自海外归抵上海,随行人员有胡汉民、谢良牧、朱卓文、李晓生、黄菊生等,另有美国军事专家荷马李及日本志士6人。孙中山等抵达上海时,受到上海革命党人及广大群众的盛情欢迎,黄兴、陈其美等特备专轮,亲往迎接,场面十分热烈。此时,戴季陶已事先回到国内,他便以同盟会会员兼新闻记者的身份参加了这次欢迎活动。这是他第二次见到孙中山,却也是正式地第一次谒见总理。当时,他的心情格外激动。只见孙中山虽然旅途劳累,但精神饱满,谈吐不凡。戴季陶因为是新闻记者,一直和孙中山相距很近,还能与孙中山面对面谈话。在回答中外记者问题时,孙中山说道:"予不求钱也,所带回者革命之精神耳! 革命之目的不达,无和议之可言也。"孙中山这种不屈不挠、坚持到底的革命精神感动着戴季陶,他从心底更加对孙中山充满敬仰之情。

作为被一致公认的革命元勋和领袖,孙中山先生享有崇高的威望,理所当

图1－12　1912年元旦孙中山在南京就任中华民国临时大总统,图为中华民国临时政府成立之地,今为南京中国近代史遗址博物馆

然地由各省代表推举为即将诞生的共和国的首任临时大总统。1912年1月1日,中华民国临时政府在南京成立,孙中山就任首任临时大总统。

南京临时政府成立后,戴季陶等立刻向孙中山汇报东北的情况。原来,武昌起义一爆发,戴季陶就选择回到了祖国,他还参加了同盟会在上海及东北的筹划起义。

武昌起义消息传到槟城时,戴季陶激动万分,他立即打点行装,准备回国投身革命,干一番事业,便于当年10月中旬回到上海。而当时上海的革命党人陈其美与钮永键等正在策划上海起义。戴季陶就参加了上海起义。在与蒋介石的默契合作下,戴季陶说服了钮永键同意推陈其美为沪军都督,避免了一场内讧。

戴季陶协助陈其美等积极筹划起义,各方奔走,进行起义前的各项准备工作。他们不仅将上海各革命党派联合起来,成为一个统一体,而且还与商界上层人物进行联络,争

图1-13　1912年的蒋介石

取到上海商团公会会长李燮和等倾向革命的商界头面人物同情和支持革命,商界贤达沈缦云、王一亭、叶惠均、顾馨一,与"民党"褚慧僧、于右任、谭延闿、张岳军等诸志士,与陈其美、戴季陶等,"设秘密机关于沪北后马路天宝栈,而《民立报》亦为机关之一焉。每集会辄在深夜,而由商团团员之参加民党者挟实弹手枪,偶怀炸弹以卫"①。

武昌首义后,各省响应,东北地区的人民也和全国其他地区的人民一样勇敢地投入了这场斗争。当时活动在奉天省等地区的革命派首领争取到驻沈阳

---

① 　上海社会科学院历史研究所编:《辛亥革命在上海史料选辑》,上海人民出版社,1966年,第147页。"民党"应指中国同盟会。

附近的新军第二混成协协统蓝天蔚倾向革命,也在各地联络了一些新军。11月22日,蓝天蔚等逃出沈阳,到大连后乘船到达上海。

戴季陶等以革命党人代表的身份与他取得联系,负责接待。戴季陶悉心听取蓝天蔚介绍东北地区的革命形势,为东北地区革命党人的英勇斗争所深深吸引。他迅速将东北的情况转告给上海的革命领袖陈其美等人,以尽快取得上海对东北的支持;还为蓝天蔚等多方联络,并妥善安置大批从东北逃亡到上海的革命党人,让他们在上海站稳脚跟。一些原东北的革命领导人,如蒋春山、商震等,与蓝天蔚在上海汇合,继续进行"光复"东北的斗争。戴季陶自告奋勇,作为蓝天蔚的代表,赴东北进行革命联络工作。

在大连,戴季陶与商震、蒋春山等一起,联系东北各地民军及防营警察等起义,以牵制反动势力,并招募学生军,筹拨兵械运输登陆,以充实革命力量。他们还策动兵舰前赴烟台,保持当地和平,并争取商会给予资金支持等。他们在东北设了两处机关,一在奉天城内,推选商震为临时代表;二在大连,由戴季陶、商震、张光如等负责一切起义筹备事宜。

一切组织准备工作就绪,戴季陶南下返沪,向孙中山等人汇报。孙中山即命蓝天蔚为关外都督,令其率师北伐。蓝天蔚带兵于1912年1月间占领了烟台,下旬,北伐军在辽东口岸登陆,2月陆续占领瓦房店、铁岭、开原、哈尔滨等地,东北三省局势可观,清朝反动官吏赵尔巽等手忙脚乱。

正当蓝军在东北捷报频传之时,南京临时政府和袁世凯达成了协议,清帝宣布退位,黄兴电令蓝天蔚停止进攻。27日以后,北伐军陆续奉命撤回烟台。不久,袁世凯取消关外都督,蓝天蔚只好撤销关外军政府烟台、大连等地机关。作为蓝军交通部部长的戴季陶,无事可做,纵使豪情满怀,此时只好壮志未酬。于是,他再回到上海。

对于孙中山让位于袁世凯,戴季陶从一开始就认为,袁世凯是包藏祸心的。这年2月15日,临时参议院选举袁世凯为中华民国第二任临时大总统。孙中山为了要袁世凯按约到南京就职,于2月18日派遣由蔡元培等率领的代表团到北京迎袁南下。戴季陶也以随团记者的身份与代表团一起北上。2月

27 日,蔡元培所率的欢迎团到达北京时,受到袁世凯的热情接待。他命令大开正阳门(清代旧例,只有皇帝进出才开此门)迎接代表团,以表敬重之意。他向蔡元培等表示可以先到武昌再顺流而下赴宁,但是其言行并不一致。因此,他的样子显得十分虚伪。通过与袁世凯的短时间接触,戴季陶对他心怀鬼胎有所察觉。等到回到上海以后,戴季陶便与周浩共办《民权报》,重操新闻就业。他仍以"天仇"为笔名,品评时政,激昂慷慨,尤其是对篡夺辛亥革命成果的袁世凯进行猛烈攻击,口诛笔伐。

在一篇文章中,戴季陶对袁世凯不肯南下就职这件事这样写道:袁世凯无意离开他的势力范围,自北京南来南京就职,所以他一手导演北京兵变,酿成纵火流血事件;再以北方秩序未复,他必须留在北京镇压为词,将要他到南京就职的协议推翻。[1]戴季陶的文章,可以说较早地将袁世凯窃国的阴谋揭露于国民面前,也因此遭到了袁世凯对他的忌恨。

图 1 - 14 《民权报》(1913 年)

孙中山与革命党人一再退让,迁就袁世凯在北京就职,袁世凯却背信弃义,毁弃临时约法。当时袁世凯提名唐绍仪为国务总理,组织第一届内阁,唐绍仪本是深得袁世凯信任的清朝官僚,但这时他加入了同盟会,以"调和南北"的功臣自居,与袁世凯发生矛盾。袁世凯感到他不能按自己的意思指挥唐绍仪,一怒之下,逼迫唐下野。袁世凯提议新的人选,但参议院并不同意。袁世凯便一次次向参议院施压,强迫参议院接受他的提议。针对这一情况,戴季陶很快又写了一篇文章,认为袁世凯强迫参议院接纳提议,就是"阴谋称帝"。这下直接击中了袁

---

① 范小方、包东波、李娟丽:《戴季陶传》,团结出版社,2014 年 2 月,第 45 页。

图 1-15 袁世凯肖像

世凯的要害,袁世凯对其恨之入骨。

1912 年 5 月,袁世凯命令手下勾结上海公共租界当局,以"戴天仇鼓吹阅报者,杀袁、唐、熊、章应即提究"的莫须有的罪名将戴季陶拘捕。20 岁刚出头的戴季陶就这样第一次遭到了牢狱之灾,后来幸得友人营救而出狱。

民国初年,《民权报》在宣传革命、不畏强暴,及当时的反袁斗争中发挥了巨大作用,与《国民新闻》《中华民报》一起具有"横三民"之称。戴季陶更以一支锋利泼辣的笔,为广大痛恨专制独裁的读者所熟悉。

1912 年 9 月,孙中山受任督办全国铁路事宜,并于 10 月 14 日在上海设立铁道督办办事处,负责研究铁路工程资料,规划铁道建设。办事处成立后,46 岁的孙中山便启用了怀有革命热情和好学精神的年轻人戴季陶,聘用他为机要秘书(一说随从秘书)。从此,戴季陶便在孙中山的直接领导下工作。当时,在追随孙中山先生的同志中间,戴季陶是最年轻的一个。对于这段经历,他本人十分自豪,并说:"在此后的十多年间,总有三分之二的时间没有离开总理过。"①因此,这也是戴季陶政治生涯中一段最重要的历史时期。

任职后,戴季陶每日早晨 8 时便去听孙中山讲授建国之道,并奉命将这些讲话记录下来。21 岁的戴季陶能够得到孙中山的如此信任,实属不易。更为可贵的是,戴季陶由于长期在孙中山先生身边工作,能够直接聆听先生教诲,直接处于先生的思想熏陶之下,他从中所得到的教益自是不浅。他自己回忆说,仅在刚开始一二年中,孙中山就对其在外交方面的工作"谆谆教训,不下数

---

① 范小方、包东波、李娟丽:《戴季陶传》,团结出版社,2014 年 2 月,第 54 页。

十次"。①

很快,戴季陶升任孙中山的专职记室(秘书)。孙中山奔走各处时,与地方同志讲述革命理论与建国之道,戴季陶就在左右,以笔记录。他记录孙中山的讲话,既快又准,深得孙中山的赞许。几个月后,他将孙中山的演讲等精心整理,辑成《民国政治纲领》及《钱币革命要义》两书,使孙中山的重要讲话得以完整保留。

① 陈天锡编:《戴季陶先生文存》第一卷,(台北)中国国民党中央委员会,1959年,第139页。

第二章

亡命日本　依偎扶助

1913 年,孙中山携戴季陶等进行过一次重要的访日活动。访日中途得知宋教仁被刺的不幸消息。为维护辛亥革命的成果,孙中山等革命党人兴师讨袁,结果兵败,不得不流亡日本。在日期间,戴季陶依偎在孙中山身旁,协助孙中山创建中华革命党,并担任《民国杂志》编辑,在宣传舆论上为"三次革命"造势。孙中山关心戴季陶的成长及其家人。日本在孙、戴二人的革命生涯中均具有重要地位,同时二人也都有见解独到的日本观。

一　戴季陶担任孙中山在日期间翻译

陪同访日　传来噩耗

中华民国建立以后,孙中山先生致力于民生事业不多久,俄国压迫外蒙古签订了《俄蒙协约》,不顾中国政府的严正声明而承认外蒙古"独立"。协约蔑视中国主权,规定不准中国军队进入外蒙古,不准中国人移居外蒙古,俄国实际取得外蒙古的政治特权。中国政府驻俄公使指出:"这将标志着中国在外蒙古一无所有,并完全放弃领土。"面对沙俄的咄咄攻势,孙中山认为,从抗俄角度出发,考虑亚洲的前途和中国的利益,应恢复中日友好关系,促进两国之间相互合作。因此,在 1913 年 2 月间,孙中山携亲友、助手等人一道赴日考察,孙中山信任戴季陶,便也带上了戴季陶。此行同去的有孙中山的原配夫人卢慕贞,儿子孙科,女儿孙娫、孙婉,英文秘书宋霭龄及其父宋耀如,以及马君武、何天炯等人。

他们一行于 1913 年 2 月 11 日(一说 10 日)乘坐"山城丸"号,由上海启程前往日本。到达之时,日本政府特地派专车到长崎迎接他们,沿途经过的地方都有人挥动小旗子迎送。3 000 多名中国留学生手持中华民国旗帜在东京新桥车站迎接孙中山先生一行。孙先生下车时,四周欢声雷动,因前来欢迎的人太多,他只能慢慢地走,他一边走一边频频地向人们点头、招手,表达对大家的感激。日本的报纸《日日报》因孙中山等的到访而发表重要文章,文章推崇孙中山先生创立革命事业,功勋卓著,说:"历来史记,实无其匹。"

图 2 - 1   1913 年 3 月 4 日晚,孙中山在东京设宴答谢日本各界人士

在日本,孙中山等总共待了 40 多天。他到了日本的长崎、神户、大阪、东京、横滨、名古屋、福冈等诸多城市,发表了大量关于中日友好的演讲,而这些演讲通常都是由戴季陶担任翻译的。关于这次访日,任务大致有两个方面:一是孙中山担任铁路督办以后,提出用 10 年的时间修筑 20 万里铁路,因此这趟赴日是为修筑 20 万里铁路寻求日本实业家与中国的合作;二是面对沙俄政府的外部攻势,孙中山也想替国家谋求日本政府在政治、经济方面的支持。当年听过孙中山演讲的人都称赞他的演讲和戴季陶的出色翻译,孙中山的演讲通过戴季陶的翻译,感动日本诸多市民。

访日期间,孙中山还坚持看书读报,但他的眼睛不太好,通常由秘书代为读诵。除了英文秘书宋蔼龄外,戴季陶是年纪最小的,对于念书这些工作也似

图 2-2　1913 年 3 月,日本芝公园红叶馆,后右九为戴季陶

乎最为适宜,尤其在日本,他是孙中山的首席日语翻译,因此也为孙中山读诵日文报纸。

作为孙中山的亲密战友,除了演讲、读报之外,戴季陶还参与了孙中山的一切宴会、访问、交涉等活动。他随着孙中山遍访日本各大中小城市,广泛接触各界人士,协助孙中山先生向日本政界领袖介绍中国革命,同各地工商巨子研究开发中国的实业计划。

图 2-3　1913 年 3 月 18 日,孙中山(右四)在福岗参谒
友人安永东之助墓时留影,右二为戴季陶

40 多天里,戴季陶与孙中山东西辗转、南北奔波,殆无虚日,形影不离。

他既充当孙中山的秘书，担任记录，又兼他的私人翻译官，充当译员，还对孙中山先生的生活加以照顾，整日忙忙碌碌，不知疲倦，出色地完成各种任务。他以流利的日语、广博的知识、较强的外交能力、辛勤的工作，协助孙中山先生了解日本社会，宣传中国的革命，同时也完整记录了孙中山在各种场合与各种人物的谈话。

孙中山在日本时，曾同日本内阁总理桂太郎作过两次密谈，密谈时间长达十五六个小时，戴季陶都陪伴在侧。而当时没有第四人知晓情况。戴季陶与孙中山一起对桂太郎的一些现状与想法进行了保密。直到后来，他才回忆说：桂太郎是日本军界当中最有能力而当权最久的一个人，日本自有内阁制度以来，没有像他做总理那样久的，伊藤博文组阁 3 次，总共不过 6 年 10 个月，桂太郎也组阁 3 次，却有 7 年 10 个月之久。桂太郎第一次组阁时使英国抛弃了"荣誉孤立"的百年政策，和日本联盟。孙中山先生到日本之时，桂太郎正是第三次组阁的时候，自中国辛亥革命成功之后，他已经特意派人对中山先生表示过亲近的意思。戴季陶说：此时，他"特意约中山先生密谈两次。这两次密谈的当中，他和中山先生都可算是尽倾肺腑的了。而自此以后，桂太郎之佩服中山先生，和中山先生之佩服桂太郎，可到了极点。两人之互相期望，也到了极度。桂太郎死后，中山先生叹气说，'日本现在更没有一个足与共天下事的政治家，东方大局的转移，更无可望于现在的日本了。'当桂太郎临死的时候，他对在旁前来看望的最亲信的人说：我不能倒袁扶孙，成就东方民族独立的大计，是我平生的遗恨"。① 这些情况后来被直接记录于戴季陶在 1928 年初版的著述《日本论》中。

访日期间，为促成三井物产株式会社和中国兴业公司合办事业，孙中山先生与涩泽荣一、山本条太郎、益田孝进行交涉，起草《中国兴业公司计划草案》，戴季陶也参与了这些活动，并出资入股。他还代表先生访问福冈日日新闻社和九州日报社，作为孙中山对日交涉的责任者，频繁活跃于这些组织之间。

---

① ［美］孙穗芳：《我的祖父孙中山》，南京大学出版社，2017 年 4 月，第 180 页。

孙中山这次访日的意义与成果重大。离日时,大隈重信、众议院议长大冈育造、外务次官松井、涩泽荣一、副岛义一、犬养毅等著名人士及数千名留学生到新桥车站送行。可以说,在这次访日过程中,戴季陶在中日关系舞台上最大限度地发挥了他自少年以来所积淀的日语能力及有关日本的知识,由一介记者成为孙中山对日交涉不可或缺的重要助手。因而,这次访日对戴季陶的意义也重大,甚至有学者认为:这次访日是戴季陶人生中最大的转折点,也是他由单纯的政治评论家转变为政治实践者的出发点。

孙中山先生对于戴季陶在日本期间兢兢业业的工作十分满意与欣赏。同时,戴季陶对孙中山的生活起居的照顾也使先生对他厚爱倍增。这一阶段,他们的关系可以说处于师友之间,超过一般同志之上了。

还是在神户访问期间,孙中山见戴季陶整日辛勤工作,不注意休息和养生,曾疼爱地加以指责道:"你今日再不养生,他(日)年老时,将不得了。"以此叮嘱他注意休息,以免累垮身体。后来,孙中山还曾赠送过一副对联给戴季陶,上联是"淡泊明志",下联是"宁静致远",以此来殷殷勉励戴季陶,可以看出孙中山与戴季陶深厚的私人情谊,也体现了他对戴季陶的一片真诚的希望。

而正当孙中山携戴季陶等人在日本考察之时,中国革命的形势却出现了意想不到的突发状况。那就是"宋案"的发生。

1913 年 3 月 20 日晚上 10 点 45 分,上海火车站突然响起枪声。在此准备乘火车由上海北上,有黄兴、廖仲恺、于右任等人在车站送行的宋教仁只说了一句"我中枪了",就倒在血泊中。凶手开枪后逃跑。于右任等急忙将宋送进铁路医院抢救。到 22 日凌晨

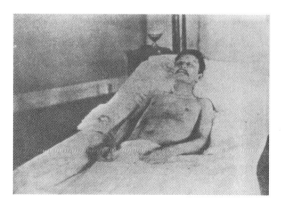

图 2 - 4　宋教仁遇刺

3 点钟,这位年仅 31 岁的原同盟会主要领导人之一、时任国民党的代理理事

长不幸去世。

宋教仁是被袁世凯等人密谋杀害的。在此之前,他曾是最坚决主张和袁世凯妥协的同志,与戴季陶也有一定的私交。他被袁世凯所谓"新旧协力合作""朝野合作"的虚假氛围迷惑,主张改组同盟会,建立第一大党,组织责任内阁,妄图以此来阻止袁世凯专权。在他的建议下,1912 年 8 月,同盟会联合统一共和党、国民共进会、国民公党、共和实进会组成新的政党——国民党。当时,大家选举孙中山先生为理事长,但先生已到西北考察铁路,不能长住北京,就委托宋教仁代行理事长职务。

宋教仁太相信议会斗争了!以至于对袁世凯疏于防范。在被袁派人刺杀前,他已经风闻了袁世凯有意刺杀他的消息,可他并不太相信。也许是无所畏惧,他曾笑笑说:"这是杯弓蛇影,不需多虑。"袁世凯却并不这么想。同盟会改组,"真的"差点实现了政党组阁,增强了与袁世凯派的抗衡力量,把握了国会多数席位。在 1912 年年底到 1913 年年初的国会选举中,国民党在参、众两院的 870 个席位中获得 392 席,占整个议席的 45%,成为议会的第一大党。对此,宋教仁十分高兴,即以未来内阁总理的身份,奔走于湖北、湖南、安徽、上海、南京等地,到处发表演说抨击时政,一点儿没有顾及北洋军阀集团手中掌握的武力。

对于这个眼中钉,袁世凯怎能不拔之而后快?刚开始,他也曾试图贿赂与拉拢国民党人,为了巩固统治,他甚至想重金收买宋教仁,将一本银行支票簿送给宋教仁。然而宋教仁非常正直,他只客气地用了一点钱,就把支票簿还给了袁世凯。宋教仁的能力和态度遭到了袁世凯的无比忌恨。袁世凯害怕占多数席位的国民党排斥自己,而拥戴他人,因此终于对国民党的代理领袖宋教仁下了毒手。

宋教仁被刺杀的消息由国内传到日本,孙中山听闻噩耗,感到十分悲痛和震惊。他当即在长崎致电国民党本部和上海交通部,令他们合力查明宋教仁被害的原因。同年 4 月 26 日,江苏都督程德全向全国公布了宋教仁被刺案的调查结果:确属暗杀。

愤怒警醒　讨袁兵败

在宋教仁被害的第六天，即 1913 年 3 月 25 日（一说 27 日），孙中山携戴季陶等人就从日本赶回了上海。当晚，来到担任国民党理事的黄兴寓所，研究处理"宋案"的办法。这是一次国民党高级干部参加的会议，戴季陶也有幸参加了会议，可以说这是他第一次参与国民党的高层决策。但会议的气氛十分凝重，大家一方面对宋教仁的死表示哀悼，另一方面对袁世凯暗杀革命元勋的无耻行径感到无比愤怒。会上，大家纷纷提出各种对策，要求声讨袁世凯。孙中山提出"事已至此，只有起兵"，主张武力讨袁。刚开始，黄兴等人持不同意见。戴季陶等站在孙中山这边。正当国民党内部围绕"宋案"争论不休时，袁世凯已杀气腾腾准备对南方诉诸武力了。后来，黄兴便也站到了孙中山一边。各地群众和革命党人纷纷撰文谴责袁世凯卖国，革命空气再度高涨。

1913 年 7 月 12 日，原江西都督李烈钧在孙中山的支持下回到湖口，以江西讨袁军总司令名义发布檄文，正式兴师讨袁，"二次革命"由此爆发。戴季陶与孙中山一道从铁道救国的迷梦中惊醒，积极地投入到讨袁护国的"二次革命"中。

从 7 月 15 日起，黄兴在南京领导起义，柏文蔚宣布安徽"独立"，陈其美在上海就任讨袁军总司令，陈炯明在广东就任讨袁军总司令，接下来，福建宣布"独立"，湖南及重庆等地也宣布"独立"。各地纷纷发生讨袁起义。

然而，经历两个多月时间，各地讨袁军都先后被镇压，"二次革命"最终归于失败。7 月 22 日，孙中山曾致电袁世凯劝他辞职，袁世凯接到孙中山的通电后，便下令撤销了他筹办全国铁路的全权，当时更加强了部署，全力对付讨袁军。这年 8 月 4 日，孙中山偕胡汉民离开中国，再次去了日本。

戴季陶于黄兴在南京举兵讨袁后，即投笔从戎，积极参加"二次革命"。他曾作为孙中山的代表，到各地做起义的发动、组织工作。7 月 19 日奉命到宁波，组织革命力量。7 月 29 日，黄兴因饷械不足、后援断绝而被迫离开南京，戴季陶又奉命到南京，之后再次发动南京举兵讨袁。他在南京期间，南京的起义将士欢欣鼓舞,大家奔走相告:"中山的代表天仇先生来了,经济问题有着落了。"而他本人却险些遭到南京反革命宪兵逮捕,幸亏假装成日本人而逃过一劫。南京起义失败前,曾二度宣告"独立"。之后,戴季陶从上海赴东北图谋起义。在东北之事没有成功,他又上了袁世凯的通缉名单。国内已无立足之地,戴季陶得知孙中山去了日本,就于9月25日,化装成日本新闻记者,离开大连,去日本与孙中山先生再度取得联系。

"二次革命"失败后,孙中山等人东渡日本,在极其困难的条件下,继续从事革命活动。一面总结前面失败的教训,一面为发起下次斗争做准备。

1913年9月29日,戴季陶在抵达东京的第二天,就去谒见了孙中山先生。此后,他在先生身边度过了长达两年多的流亡生活。这两年里,孙中山与戴季陶的关系密切。戴季陶去拜访孙中山有时一日数次。据日本外务省所藏的档案资料显示,1913年10月2日一天之内戴季陶去见了孙中山4次;1916年4月9日,孙中山又接见戴季陶4次。在这两年多的时间里,戴季陶是革命党人中,自始至终与孙中山来往关系最密切的两人之一,另一位是陈其美。在这段日子里,戴季陶协助孙中山做了许多的工作,主要有:奉命离开东京从事"第三次"革命的联络准备工作;创办《民国杂志》,担任编辑,以宣传为武器唤醒人心,揭发袁氏帝制野心挽救民国;协助孙中山创立中华革命党;担任孙中山在日本创办的政法学校翻译等。

鉴于"二次革命"失败的教训,孙中山非常重视包括山东半岛在内的东北地区的革命工作,把东北工作的据点设在大连。大连属于关东州,受日本管辖,而且和山东隔海相望,便于革命党保护自己,开展工作。辛亥革命后,一些革命党人曾转移到大连,"二次革命"失败后,又有一批革命党人转移到大连,使该地的革命党人达到200余人。他们虽然准备联合举义,但因缺乏经费处境困难,希望孙中山提供资金帮助,孙中山就派戴季陶、陈其美、山田纯三郎和蒋介石等人前往大连,并送去一些资金。

1914年1月,戴季陶两次离日赴大连执行任务。一次是在1月2日,与张继一同前往大连,一周后返回东京;另一次是在1月26日,和陈其美、山田纯三郎从日本乘船前往大连,奉命去筹设奉天革命党机关部。抵达大连后,陈其美因肺病复发住进医院。戴、陈的一些活动,又受到袁世凯和日本关东军都督府的严密监视和百般干涉。因而在东北各省建立革命党的基础,花了将近50天的时间。直到这年的3月15日,戴季陶才与陈其美等人悄然离开大连,重返东京。由于经常在东北从事革命活动,以至于后来许多年在东北地区,奉系军阀张作霖都下令悬赏通缉戴季陶。

戴季陶回到日本后,与孙中山一道走访日本朝野人士,宣传中国革命良机,以争取日本在外交军事和财政上的支持,他精通日语,熟悉日本情况,给了孙中山先生很大帮助。孙中山在他的协助下,访问了日本重臣犬养毅,拜访了头山满和日本自由党及立宪政友会创始人板垣退助等人。他担任孙中山的秘书和翻译,参与了许多孙中山与日本友人的秘密会谈。由于他经常作为先生的代表,与日本朝野人士联系,使得日本政府的情报机关将他视为"孙派最高幕僚之一",年纪轻轻的就被视作"革命党首领",等等。可见戴季陶当年在日本的影响。孙中山在这个"日本通"的帮助下也争取到了日本朝野一些要人的支持。但是,日本政府最终为了自己的利益而不断压制孙中山和革命党的革命行动,而且不提供贷款。袁世凯方面把青岛拱手交给日本,使日本得偿所愿。革命党人想借第一次世界大战爆发,直接发动"第三次革命"的计划未能实现。

在这段流亡日本期间,孙

图 2-5　1914 年,戴季陶在东京《民报》发表文章

中山为安置同志、培养干部继续进行革命,与黄兴、李烈钧等在日本创办了两所学校,其一为军事研习所,对外称"浩然庐",其二为政法学校,教授学生们学习政治和法律。戴季陶到日本后,又由孙中山委派到政法学校担任翻译。他一面做好孙中山的机要秘书、得力助手,一面又要做好政法学校的这一常规工作。戴季陶不但欣然接受这一任务,而且尽心尽力去做好这项工作,为培养革命人才贡献了自己的一分力量。

图 2-6 孙中山(中坐者)与日本友人梅屋庄吉夫妇

1916 年 2 月,戴季陶还奉孙中山之命,协助飞行家坂本寿一创建航空学校。经梅屋庄吉援助,该校在滋贺县近江八日市町建立。通过这件事,戴季陶了解到在日本有像梅屋这样竭力支持中国革命的人士,而中国发展航空技术等也必须得到日本的帮助,这些对戴季陶重新认识日本,形成自己的日本观影响很大。孙中山在日期间会见日本要人时,戴季陶又再度担任翻译,与日本财界、政界等重要人士进行直接接触,特别是参与和中国革命密切相关的秘密交涉,这也对他本人产生了重大影响。

二　孙中山由戴季陶等协助在日本创立中华革命党

流亡日本　重新建党

自戴季陶在孙中山先生担任机要秘书起,他一共在孙中山身边待了12年半的时间。孙中山对他的影响有一个方面是生活上的,即孙中山对他外表方面的严格要求,使他任何时候在公开场合出现都仪表堂堂、风度翩翩。

戴季陶回忆,孙中山对身边的秘书及部下平日的一切生活行动,哪怕是最细微、最琐碎的事都特别注意。他在家里会客时,经常请戴季陶等人作陪。他的客人都是很有学问、很有地位的,有时还有外国人。在客人到来之前,孙中山会细心检查秘书和部下们的仪容,如衣服是否穿得整齐,裤子上的扣子是否扣好,胡子是否刮得干净,皮鞋是否清洁,鞋跟是否损坏等。遇到有人衣服不整齐,胡子没剃干净,就叫他到楼上修整,皮鞋不清洁的也叫他更换,损坏的便叫他拿去补好。戴季陶说,孙中山经常告诫手下那些不修边幅者,如果仪容不整就会给人留下不良的印象,足以影响革命的前途。许多追随孙中山的人,虽然地位很高,但经常不修边幅,因而被孙中山一次又一次不厌其烦地纠正。

经过孙中山严格细致的训练,戴季陶便变得很讲究仪容,而且遇到什么事情都早早准备妥当,见事待人都举止有礼、大方。有人曾问过戴季陶,说:"你没有去过西洋,为何对西洋的礼节如此熟悉?"戴季陶说:"这都是跟先生(孙中山)学的。"还说:"我们从前跟着先生的时候,如果在政论上同他的意见不同,他必定反复同我们辩论,夜以继日的,必定要等到说服了我们才肯罢休。然而辩论是辩论,总是平心和气的,从来不肯用严词切责。可是如果看见我们一时大意,不修边幅,那时,先生就要不客气地教训我们了。"在孙中山的影响下,戴季陶总是整洁从容。

在事业上,戴季陶追随孙中山先生进行革命,为先生的思想、理论所服膺,在关键时刻总是站在先生的一边。反袁举事未成,孙中山于1913年8月到日本，9月便开始筹建中华革命党。他花了很大的精力，认真总结"二次革命"失败的教训，认为：革命的失败，"非袁氏兵力之强"，"乃同党人心之涣散"，尤其是国民党在"二次革命"中"对号令不能统一，事党魁未能服从"，正是这些原因才导致失败。因此，他主张将国民党改组为中华革命党，重新集结革命力量，重新焕发革命精神，重新组织革命党派。而这个党的党员，一定要忠于革命，忠于革命领袖。为此，他要求入党的人"须完全服从我一个人"，并要求每人宣誓"愿牺牲一己之生命、自由、权利，附从孙先生再举革命"，同时在盟书上按上指印，以避免"不听我之号召"的情况再次出现。对于孙中山这种党内完全听命于一个人的"宗派"做法，许多人持有异议。黄兴首先表示反对，其他人如李烈钧、柏文蔚、谭人凤、陈炯明、张继等也有不同意见。有些人对孙中山说："要我们唯命是从，那你不就成了专制君主了吗？你自己的主义是民权自由，而现在你却要取消这个主义，采取君主专制主义，我们不赞成。"因此像朱执信等，刚开始就因不愿履行宣誓服从个人等的手续而没有加入中华革命党，直到后来由同志们劝说才加入。为了调和孙、黄矛盾，孙中山的另一位秘书胡汉民私下约了居正等数十人开会，想出一个折中的办法，建议将誓词"附从孙先生"一句，改为"服从中华革命党之总理"，然而结果未能收效。他本人于 1914 年 5 月 1 日才加入。戴季陶则与胡汉民、朱执信不同，他于当年 9 月底到东京后，10 月 2 日就宣誓参加了中华革命党。陈其美随后也加入。戴季陶和陈其美还邀约在日流亡的同志都参加。

戴季陶坚决支持孙中山组建中华革命党。他和胡汉民、陈其美等人参加了中华革命党筹备委员会的工作。为了筹建中华革命党，孙中山在东京多次召开讨论会，亲自主持讨论建党方案和原则，这些会议由胡汉民或戴季陶任记录。会前会后的一些事务工作，戴季陶也积极承担。经过一系列的努力和准备，中华革命党成立的条件成熟。孙中山便于 1914 年 7 月 8 日，在东京筑池精养轩正式召开了中华革命党的成立大会，此前，他已于 6 月 22 日被选为总理，此时他宣誓并盖手印，就任总理。

孙中山的誓词是：

立誓约人孙文,为挽救中国危亡,拯生民困苦,愿牺牲一己之生命自由权利,统率同志再举革命,务达民权民生两主义,并创制五权宪法,使政治修明,民生乐利,措国基于巩固,维护世界和平。特诚谨矢誓如左:一、实行宗旨;二、慎施命令;三、尽忠职务;四、严守秘密;五、誓共生死。从兹永守此约,至死不渝,如有二心,甘受极刑。

中华民国广东省香山县孙文,民国三年七月八日立

其他入党同志的誓约则改为"一、附从孙先生再举革命"和"二、服从命令"。黄兴等因无法和孙中山达成共识,而去了美国,陈炯明也去了南洋,但这并没有动摇孙中山及其忠实的拥护者如戴季陶等人的信念。

图 2-7　1914 年,中华革命党成立合影,第三排右五为戴季陶

之后,孙中山主持制定中华革命党的纲领性文件《革命方略》,为此,他前后召集了 17 次讨论会,广泛征求各方意见,戴季陶出席讨论会的有 9 次,每次均担任书记。戴季陶被推为起草委员之一,与其他委员一起,努力发挥自己的写作才能,对每句话、每个字都仔细斟酌,尽量把各方意见反映到文件中。自 9 月 20 日起,经过 3 个月的时间,《革命方略》才制定完成。其中包括《讨袁檄

文》和《安民布告》等重要文告,其目的在于一旦条件成熟再行举兵革命时,避免重蹈"二次革命"失败的覆辙。

舆论宣传　继续反袁

中华革命党成立时,陈其美、居正、许崇智、胡汉民、张静江等将分别当选总务、党务、军务、政务、财政等各部部长,戴季陶以创始者的身份成为中华革命党最早的一批党员,并被任命为浙江支部长,但出于种种原因没有到职。而他此时已是中华革命党的一名高级组织干部,也是该党思想宣传战线上的一员得力干将。

图 2-8　1915 年 9 月 25 日,中华革命党本部合影,前排左四陈其美、左五孙中山、左六胡汉民,后排左五戴季陶

中华革命党成立后,民主主义革命思想的宣传进入一个新的阶段。尤其是《民国杂志》的创办,成为该党重建革命舆论阵地的一项重要举措。《民国杂志》创刊于 1914 年 5 月 10 日,中华革命党成立后,便成为该党的机关报。戴季陶与居正、胡汉民等人担任编辑。胡汉民为总编,居正为发行人。长期为《民国杂志》写稿的还有朱执信、苏曼殊、邹鲁等。

《民国杂志》第一卷第二号"布告"称:"本报为纯民党之代表言论机关,研究民国政治上革新之重大问题。"戴季陶为《民国杂志》撰写了多篇文章,这些文章大都以反袁为主要内容,用大量篇幅揭露袁世凯独裁专制、媚外卖国的行径,积极鼓吹"三次革命"。他曾总结辛亥革命和"二次革命"的经验教训,把民国虽然成立而政治仍未能使人民满意和袁世凯能够轻易地窃去革命成果的根本原因归结为:封建专制的毒根未除。在《中国革命论》的一文中,他进一步总结了辛亥革命失败的原因。他从中国封建专制政治的长远背景着眼,总结出"五种程序",认为中国历史上的政治变迁,"一治一乱,一盛一衰,皆为同一原则所支配"。他还指出,旧思想根深蒂固,辛亥革命并没有从根本上掘动旧思想的基础,却种下了"独裁政治之因";具有新思想新知识的新人物又流于放任,革命团体则活动乏力,使"旧官僚得肆权威于新政府,而实质上之改革事业乃归幻泡,旧日专横之恶德积而成一大反动",加上中国人苟安之弱点,对于共和立宪政治之自觉"尚微",于是开启了独裁政治的端绪。有意思的是,他提出了一个假设,即假设袁世凯在革命军未起之前忽然死去,中国的革命可以终止否?他认为不能。他认为革命,非对于袁世凯个人,而对于以袁世凯为代表的封建旧官僚党的势力,是对于封建的专横的政治。因此,只要封建旧官僚党还存在,封建的专制的政治就不能绝迹。作为辛亥革命的参加者,在革命失败后痛定思痛,检讨反省,深究革命失败的原因,这样的言论是有一定深度的。

针对袁世凯于 1913 年 6 月颁发"尊崇孔圣"的通令,戴季陶挺身而出为孔子澄清、正名。在《孔子》这篇文章中,戴季陶说:"孔子为我国学术史、文明史上继往开来之伟人","袁世凯利用孔子'实醉翁之意不在酒',要站在客观的角度,分清事实的真相,'尊孔为一事,袁氏之尊孔令又为一事',所以国人断不能因'恶袁氏之故,遂恶及孔子,而使人民历史上之信仰心日趋堕落'。"[1]

在《中华民国与联邦组织》一文中,戴季陶提出建设民国制度的新设想。他主张中国应采取联邦组织,认为联邦制并非导致一个支离破碎的国家,而是一个具有合众的宪法,统一的、完全的国家,实行地方分权的国家。从中国历史

---

[1] 滕峰丽:《民国时期的三民主义——戴季陶思想研究(1909—1928)》,河南大学出版社,2012 年 12 月,第 44 - 45 页。

来看,地方分权导致文化的发达,中央集权导致文化的退步。因此,将政权集中于一个中央政府,依赖数人的耳目心志,判全国的利害是非,有很大的弊病,所以,他的结论是中华民国非组织为联邦不可。他还提出实行联邦制两个前提,即统一中国和发达中国。当时,中国最大的现实问题是反对袁世凯的封建专制,而联邦制的提出正是针对袁世凯的专制统治,其主张也就具有反袁的作用。

在担任《民国杂志》编辑期间,戴季陶还为孙中山研究世界问题做了大量助手的工作。当时,孙中山对世界历史、地理及现状十分注意,戴季陶就在《民国杂志》上开设了记录世界大事的专栏,分欧洲、美洲、亚洲三个部分,分别汇记所发生的大事,以世界大事记的形式帮助孙中山更好地了解这些地区的情况。在记述这些事时,戴季陶不仅从纵的方面追溯事件的起源,也从横的方面记下事件发生对各方面的影响,使人一看一目了然。他细致而努力的工作得到孙中山的赏识,也得到中华革命党内其他同仁的认可。在 1914 年中华革命党的主要领导人田桐向孙中山提出的两份同志名单中,戴季陶被列入受盟立誓的“各省重要人物一览表”中。

图 2-9　1914 年 11 月 8 日,孙中山(中坐者)与戴季陶(左后立者)等在东京芝樱田町丸木照相馆合影,其余为谭根(左坐者)、夏重民(右站者)、陈其美(右坐者)

孙中山在日本流亡期间,常与日本资产阶级政党的主要领袖犬养毅来往。

当时的犬养毅对孙中山等中国的革命党人是持同情和支持态度的。由于和孙中山关系甚好,犬养毅在一次参加竞选时曾请求孙中山予以帮助。孙中山便派戴季陶协助其参与竞选。为了帮助犬养毅,戴季陶到处演讲,有时一日达数十次,大受日本人的欢迎。竞选对方本是最有实力的当政者,但有了戴季陶的参与,他们差点失败,最后以微弱的优势险胜犬养毅。据说,这次选举以后,日本便增设了限制外国人参加助选的规定。

为进行反袁起义,1916 年 3 月 10 日,戴季陶还与孙中山、松岛重太郎在日俄贸易公司与久原房之助共同签署了 70 万日元的贷款合同。中方署名者为孙中山和戴天仇(戴季陶笔名),日方保证人之一是松岛重太郎,署名者还有远藤氏及武田氏等人。

困难时期　不减关怀

在日本流亡期间,由于经济困窘,戴季陶跟着孙中山度过一段十分艰苦的生活。那一年,戴季陶在日本,他的夫人钮有恒女士也从上海抵达日本,与他团聚。那时,虽然戴季陶经常从早到晚都要跟着孙中山先生,只有到了晚上十点以后才有闲暇,但只要有那么一丁点儿休息时间,他都不肯轻易放过。因为熟悉他的人都知道,戴季陶在生活上放荡不羁,传闻他每晚都要出去过"夜生活"。

孙中山比戴季陶长 24 岁,一方面认可他是自己的得力助手,另一方面也视他如自己的子侄。因此,孙中山不但在政治思想方面教导戴季陶,而且也非常关心他的修养和家庭。戴季陶称年长他 5 岁的夫人为姐姐,孙中山也称钮有恒为姐姐,相处时关系十分融洽。

钮有恒是一位十分理性、深明大义和有胆有识的坚强女性。1913 年以后,常为孙中山处理杂务,并经常往返于上海、东京两地为革命党人做秘密联络工作,受到孙中山及其革命党的信任与尊敬。

"二次革命"失败后,钮有恒随戴季陶旅居东京。一次党部选任某职务,钮有恒当选,她当即表示要辞职,但大家不允许。她便请求以大家选举她的票数,由其举贤代表代职。大家同意了,于是钮有恒推举居正为自己的代表,被一致通过。

1913年12月,钮有恒与戴季陶生了一个儿子,取名家秀。孙中山十分喜爱他们这个孩子。以后在上海期间,常常邀请他们领着儿子到自己住的公馆去游玩。后来还给他改名为安国。那是在黄埔军校成立时期了。在黄埔军校时,戴季陶有两位情同手足的好朋友蒋介石和金诵盘,三人都是孙中山身边的得力助手。戴季陶和金诵盘各有一个儿子,蒋介石有两个儿子。传闻,他们跟随孙中山在广州,同在黄埔军校任职,一次,孙中山邀他们三人去小聚。谈话间,孙中山希望他们三人团结得像一家人一样。此时,戴季陶便提出让孙中山为他们的孩子起名字。孙中山便高兴地答应了。几天后,孙中山告诉他们孩子的名字想好了。孙中山说:"我们这一辈人,举旗打天下,是为了建立共和国,那么,孩子们应该是国字辈啦。建立共和国的目的,是求得天下大同。我看,四个孩子的名,就叫'经纬安定'好了。"蒋介石说,他的两个儿子要排在一起,正好是经天纬地,叫起来顺口。因此,蒋的一个儿子名叫经国,另一个儿子叫纬国。戴季陶的儿子虽然年纪略微年长,却只好叫了安国。金诵盘的儿子则叫定国。后来,戴安国赴德国、美国留学,学习航空工程,回国数年后任民航局局长,没有辜负孙中山等长辈们的一席厚望。

图 2-10 戴安国(左)与蒋纬国(右)年轻时的照片

除了戴安国,蒋纬国也被认为是戴季陶之子。关于蒋纬国的出生一事,日方有证明,说蒋纬国的生母即为与戴季陶交往的日本女性。这个日本女人是谁？有津渊美智子、重松金子、爱子等多种说法,而与孙中山关系密切的日本友人梅屋庄吉的后人即其曾外孙女小坂文乃女士所藏资料中,有"戴天仇"写给梅屋庄吉的两封信,称此女为"户村"(日文:おきん)。1916 年 9 月 29 日,戴季陶写信给梅屋庄吉,信中这样写道:"此前离开东(按:指东京)时曾将户村托付与您,后其是否已前去拜访？四五日前接到户村来信,称尚未拜见,务请给与关照。此前离京时,曾给户村留下一百日元,但婴儿诞生后,恐不足以养育。万望在其艰难之时给与援助,所需费用由我偿还,务请关照。"11 月 21 日信中又写道:"户村所生之子,初曾托您关照,后其由东京来信告知所生之子为男子,此为两周前恰就此事与蒋介石君商量,蒋言自己无子,夫妇同望能收其为养子,且为该子命名为'蒋家治'。辜负贵意甚感愧疚,然当初您曾言道:'孩子不要,但可照顾',故吾便应蒋之要求。在此深表歉意,勿请动怒。且务请向足下已托之士转达歉意。户村来信言及已得夫人钱,甚为感谢。厚意铭记于心,务请宽恕吾之过失。顺颂夫人台安。"[1]

图 2 - 11　戴季陶与第二任妻子赵文淑

戴季陶未认此子原因,坊间猜测是为怕被妻子钮有恒所知,因钮氏为秋瑾弟子,婚后一直大力支持戴的政治活动,并且贤良淑德、知书达理,除传闻性格颇"辣"外,应是一位好妻子。由信可知,戴季陶对自己犯下的过错,也很懊悔,心生愧意。

---

[1]　张玉萍:《讨袁时期戴季陶对日本认识的转变》,《广东社会科学》,2011 年第 6 期。

戴季陶常年在孙中山身边,对孙中山可谓忠心耿耿,孙中山对他一家也是关怀备至、亲善有加。而蒋介石与戴季陶早期所建立的特殊的密切关系,也许也正是日后戴季陶终其一生全力助蒋的原因之一。

三 孙中山与戴季陶的日本观

顺应时势 几度变化

中日自隋唐以来,有两千多年的交往史,19 世纪末,中国许多的年轻人负笈东瀛,企图学习日本经验,振兴中华。日本对于中国民主革命的先驱孙中山和戴季陶两人的一生都有着重要的影响。尤其是在国民党内素有日本通之称的戴季陶,除早年留学日本外,一生中曾 13 次访问日本,有几次正是受革命领袖孙中山所托,与日本政界、军界、经济界、文化界人士发生过广泛的联系。他不断地了解日本、研究日本,终于写出了《日本论》等不少的著述。他长期追随孙中山、蒋介石,他的日本观很大程度上影响了国民党和国民政府的对日政策。如果说孙中山对日本的态度从宏观上影响了近代中国,那么戴季陶对日的态度则从微观上影响了中国国民党和中华民国的外交史,成为中日两国的交往史和认识史中不可或缺的环节。

图 2－12 戴季陶著《日本论》,1928 年民智书局版

辛亥革命前,孙中山认识到日本为中国近邻,且多中国留学生,在日本可就近谋划中国的革命,所谓“以其地与中国相近,消息易通,便于筹划也”。且中日两国关系源远流长,历史文化一脉相承,有许多共同的文化基因,易于相互了解。因此,孙中山相信向日本谋求援助和在那里发展革命力量，能够有所作为。日本因而成为孙中山等革命党人绝好的根据地，孙中山对日本也产生过特别的期待，他曾寄望于亚洲各民族的联合，特别是寄望于中日两国的联合，不仅把日本视为中国强盛的好模范，也把日本视为"天然同盟者"，期待着在日本的援助下，完成中国革命。1905年同盟会的成立正是孙中山与留东学生结合的一大成果。同盟会成立以后，革命更加风起云涌，终于1911年推翻了中国两千多年的封建帝制。

辛亥革命前，因科举失败而与日本邂逅的戴季陶憧憬着日本先进的近代文明，东瀛留学是其唯一接受教育、出人头地的机会，因此他很自然开始对日本表示强烈的关心。他在日本接受了高等教育，也获得了知识，但他也亲身感受到了日本帝国主义的残酷，如当时沦落为日本殖民地的朝鲜境遇之悲惨，就使他强烈感到因唇亡齿寒而导致的中国存亡之危机。由于他与孙中山的站位不一样，所以在他看来，日本就是敌国。他通过分析日韩关系，表现出对日本之不信任感，从而批判、敌视日本，认为日本是中国的"第一强敌"。这种看法一直持续到辛亥革命后的一段时间。

辛亥革命以后，孙中山非常重视日本政府对于中国革命的态度。武昌起义后至"二次革命"前，日本的对华外交由于受到日本陆军的严重干扰，总的情况是，设法支持清政府，镇压革命党势力。虽然孙中山在南京临时政府里任用日本人在府中充当顾问，但是日本还是反对中国统一，反对实行共和制，依旧致力于维护君主立宪这一原则。1913年的对日访问，孙中山再次谋求日本友人对中国革命运动的支持，又一再表达中日合作提携的愿望，与日本最高层次的政、军、财界人士交往，强调大亚洲主义与保障东洋和平，与日方合办中国兴业公司等。值得一提的是，这次访日戴季陶作为翻译兼秘书与孙中山同行，使他对日本的看法发生了巨大转变。此时，戴季陶从一个年轻的记者变成为孙中山的亲信，是孙中山对日交涉问题上不可或缺的重要人物，他也从辛亥革命前一个单纯的政治评论家，变成一个政治的实践者，孙中山的许多提议，他都产生了共鸣，而且忠实地执行。

孙中山不满日本对"二次革命"的态度，但"二次革命"失败后，他再度流亡日本,在戴季陶等协助下,成立中华革命党,以图"三次革命",又广泛开展了与日本各界的联系与争取支持的活动。孙中山在致日本首相大隈重信的信中说道:"现时革命党望助至切,而日本能助革命党,则有大利,所谓相须至殷相成至大者此也。"孙中山不仅寻求日本政界的支持,而且也寻求日本军方及日本财界的支持,频频与日本各界要人进行会谈,以期得到帮助。

讨袁时期,孙中山的最大目标为成功倒袁,重掌政权。戴季陶深知日援或不可缺,视日本为此次革命运动的伙伴。他批判袁世凯"谋叛国民,私结密约,送蒙古于俄国,且允与俄协力以抵抗日本,不惟欲杀尽我进步之中国国民,且欲阻害黄种先进国之日本,使万恶无道之暴俄,得大侵略我亚细亚洲之土地,是卖亚细亚洲",斥袁实为"国民公敌""黄种公敌",[1]将中国人之间的这种内部矛盾,上升为中国人与西方人的矛盾。如此,倒袁便是铲除白色人种在亚洲的爪牙,进而"将中国革命升至世界革命水平"[2]。戴季陶一改辛亥革命时期对日本的批判态度,首次对日本人的民族性及共同信仰给予高度评价,从黄白人种冲突观点出发提倡"中日提携论"。

图 2-13　1917 年,大阪《朝日新闻》上有关戴季陶(中坐者)的报道

由于孙中山、黄兴再度联手,合作反袁,日本方面开始向黄兴提供援助,反

---

①　唐文权、桑兵编:《戴季陶集》,华中师范大学出版社,1990 年,第 661 页。
②　张玉萍:《讨袁时期戴季陶对日本认识的转变》,《广东社会科学》,2011 年第 6 期。

袁活动在日本支持下进行。然而日本一方面协助反袁，另一方面却向袁世凯提出"二十一条"，引起中国内外的强烈反应，反日之声高涨。

袁世凯倒台后，日本奉行援助段祺瑞的政策。孙中山护法缺乏实力，同时也缺乏财力，所以没有放弃对日本的期待。直到俄国十月革命和五四运动发生后，他对日本当局产生了新的认识。五四前后，孙中山不断批判日本的侵华政策，揭露日本帝国主义的侵华行为。如他在1919年春写的《实业计划》中指出："今则日本之军国政策，又欲以独力并吞中国。如中国不能脱离列强包围，即不为列国瓜分，亦为一国兼并。"五四运动以后，孙中山对日本政府失去了信心，在一定程度上促使其决心联俄。1924年国民党"一大"召开，孙中山毅然确立联俄、联共、扶助农工三大政策，"联日"作为一种曾经公开的决策却在此时被正式"放弃"。

五四时期，戴季陶的日本观又回到了批判的道路上。他对日本问题的关注，主要缘于这一时期日本当局的局势及其对华政策。1919年五四运动的发生，其直接原因就在于五四前后帝国主义，特别是日本帝国主义妄图把中国变成它独占的殖民地，这一事实使思想敏锐的戴季陶很自然地利用时势，发表抨击文章。五四运动发生后的第4天，他便抨击日本侵占中国山东的"狂奔运动"，认为这"已使中国人民完全失望"，他以此为契机撰文发表他对日本问题的看法，希望"把日本这个题目，用我的思索评判的能力，在中国人的面前，清清楚楚地解剖开来，再一丝不乱地装置起来"，从而"与国人一起共同努力补救过去不认识的日本的缺陷"。① 戴季陶从封建时代日本社会的阶级结构上考察日本的发展，认为日本社会是由武士、町人、工人、农夫、秽多、非人6个阶级构成的。在这样的阶级结构里，武士同皇帝公卿藩主一样，是日本社会的"治者阶级"，享有各种政治、经济特权，包括政权、兵权、土地所有权和受教育权，等等，其他阶级则无权享用。日本商人，俗称"町人"，在社会阶级上属于"被治者阶级"。在性格上，这些人"十分虚伪"。戴季陶感叹，这样一个等级森严的

---

① 戴季陶（季陶）：《我的日本观》，《建设》第一卷第一号，1919年8月1日。

封建制度是毫无人道可言的,"博爱""平等"更是句句虚语。

其次,戴季陶认为日本是一个神权迷信盛行的国度。迷信传说渗透日本社会的方方面面,如迷信"神造国家",迷信"君主神权",这并不是日本学者的独创发明,而是他们试图摒弃中国文化和印度文化而建立一个"'纯日本式的学派'的尝试",是他们对国粹的疯狂迷信。神权迷信妨害日本文明进步。

再次,戴季陶还认为日本是一个封建专横的国家。其表现之一是杀伐思想浓厚。各藩国、各派"争战杀伐,没有

图 2 - 14　戴季陶在东京

一天休息",武人公卿相互残酷搏斗,连佛教僧侣亦卷入其中,简直沉沦到了极点。在这种大背景下武士道应运而生,"仇讨""切腹"被日本人认为是高尚的品格而备受青睐。对此,戴季陶讽刺说如果这种行为可以成为人类的道德标准,那么非洲、澳洲的土人也就很有自负的资格了。其表现之二则是同胞观念淡薄。戴季陶认为这主要是由于日本封建社会中的种种阶级制度和统治者阶级的性格而造成的,民族心理自私、狭隘、博爱精神缺乏,根本谈不上"同胞"两字。

民族分析　各有不同

孙中山认为日本是一个极具民族精神的国家,他们"自开国到现在,没有受过外力的吞并,虽然以元朝蒙古的强盛,还没有征服过他",因为"有民族主义的精神",所以在国力衰微的时候,"便能发奋为雄",明治维新五十年,日本便成当时亚洲最强盛的国家,和欧美各国并驾齐驱,欧美人不敢轻视。他说,中国的人口比日本多,却"至今被人轻视",其中缘故就是"无民族主义",所以

中国要强盛,日本是一个"好模范"。

孙中山也认为,在 20 世纪初欧洲普遍富强、亚洲普遍积弱的情况下,日本崛起的"模范"作用不仅是影响中国的,而且是辐射整个亚洲的。他说,"日本能够富强,故亚洲各国便生出无穷的希望","亚洲今日因为有了强盛的日本,故世界上的白种人,不但是不敢轻视日本人,并且不敢轻视亚洲人",日本强盛之后,其他亚洲人,也可抬高国际的地位。日本又是怎样把国家变富强的呢?孙中山说:"日本人能学欧洲,所以维新之后,便赶上欧洲。"又说:"现在日本人能够学到欧洲,便知我们能够学日本。我们可以学到像日本,也可知将来可以学到像欧洲。"

另一方面,日本的强大,也曾使以"振兴中华"为己任的孙中山感到十分忧虑。他甚至过分悲观地认为,假若中国和日本绝交,则"日本在十天以内,便可以亡中国"。但他也认为"日本人的道德,聪明才智不如中国人"。① 孙中山一生每论及国家大事时,他常以日本为参照系,与中国相比较,可见日本对其影响之深。

在《日本论》中,戴季陶对日本民族的特性进行了深入剖析。首先是信仰的真实性。他认为日本人的民族意识是很鲜明的,这与孙中山认为日本人极具民族精神有所一致。戴季陶又认为,正是这种热烈而真切的信仰生活,为日本民族的蓬勃发展提供了原动力。同时,他还着重强调了"宗教"和"信仰"的区分,认为:"宗教是信仰的一个表现,而信仰不一定是宗教。"他从中日两国国民的对比来说明,日本人的信仰是纯洁的、积极的、不打算的,这就培养出了一种把自己的身体无条件奉献给神的决心和牺牲精神。这种观念尤其表现在男女恋爱和战争两件事上。他认为,日本人自杀的观念,是和其他民族最不一样的地方,也是最能看出日本人特性的地方。他们常常含有"物质无常"和"精神常住"两种观念,"是日本民族一种信仰真实性的表现"。

戴季陶还认为日本人爱美。他说,人类的生活,除了信仰生活外,最重要

① 孙中山:《民族主义》第六讲,1924 年 3 月 2 日。

图 2－15 1917 年,日本报纸中关于戴季陶的报道

的是"美的生活"。美是人类文化的一个最大特质,也是一种需要。尽管历史
上日本曾向中国文化汲取了丰富的养料,温带岛国美丽的山川风景表现出的
艺术特质,是与中国不同的。相对于大平原的国民,日本民族最富于幽雅精
致,而缺乏的是伟大崇高。对美的鉴赏和迷恋确是日本人一种普遍的习性。
"日本民族一般比较中国人审美的情绪优美而丰。"他们的园林、盆栽、生花等
艺术形式当中都潜伏着很特殊的想象力和创造力,"使死的东西添出生意来"。

戴季陶指出,尚武习性也是日本民族的一个特点,是日本历史上的积淀养
成,也是日本民族生存发展的必备习性。日本在学习外来文化上,是有选择性
的。日本社会中平和的习尚,则是中国文化和佛教文化普及发展的结果。

戴季陶在 20 世纪 20 年代所写成的《日本论》这部书,不乏宣传三民主义
和"唯生史观"的成分,并流露出对领袖的效忠思想,但总的来说,是不失其客
观性。他从民族、文化、学术研究的方向出发,探讨日本民族的特性和内涵,

以解决现实政治所面临的问题,这应该说在某些方面远远超越了孙中山对日本的一些看法。这可能是因为两者主观出发点不同,一个是革命领袖,主要倾向于顾及国家的安危、民族的利益,另一个则是长期受到日本文化熏陶的"学者型"政府官员,自然对日本民族的分析更加鞭辟入里。

国民革命时期,日本的军国主义势力处于绝对优势,孙中山为追求全世界被压迫民族在国际上的平等,曾对日本国民报以期待感,提倡"大亚洲主义",但戴季陶则深刻地认识到日本民众的觉醒及组织尚处

图 2 - 16　青年戴季陶

于初级阶段,虽与中国革命民众有联合之意但无实力,他对日本政治逐渐产生了幻灭感。后蒋介石实行反共政策,成立南京国民政府,放弃"容共"且与苏联断交,而此时日本田中内阁三次出兵山东,在这一系列不安因素下,戴季陶通过解剖日本,阐明中国人要保持自己的独特性,共同信仰三民主义,以此来建设自己的国家,恢复民族的自信力等。

第三章
共事广州　不离不弃

　　为捍卫共和,孙中山在广州举起护法大旗。戴季陶先后参与两次护法运动,并按照孙中山的意见,起草诸多广东革命政府的法律文件及制度。孙中山在广州三建政权,晚年思想开始转变。戴季陶在跟随孙中山革命屡次失败后,受到打击,精神衰弱。孙中山生前,总的来说,戴季陶紧紧跟随,不离不弃。但孙中山逝世以后,戴季陶未能积极贯彻孙中山的联俄、联共、扶助农工三大政策,而与宋庆龄等左右分趋。孙中山生前为培养人才,在广州建立文武二校。1926年至1930年,戴季陶执掌文校——中山大学,以孙中山的三民主义为教育方针,与广州中山大学结下不解之缘。

一　孙中山在广州三建政权

广州护法　屡败屡战

　　袁世凯的反动统治和卖国活动激起全国人民的强烈不满。1915年12月10日,他宣布恢复帝制,于1916年元旦,废除民国纪元,改为洪宪元年,正式称帝。这使一些原先对他抱有幻想的人也终于看清了他的真面目。蔡锷、李烈钧、唐继尧率先发动起义,通电讨袁,并组成护国军。云南、贵州、广西、广东先后"独立"。1916年6月6日,袁世凯在全国人民的声讨中忧惧而死。然而,正像戴季陶所说的那样,袁世凯个人的死亡并没有使封建专制统治从此绝迹。继袁之后,北洋军阀在中国的统治"换汤不换药"。1916年6月7日,黎元洪继任大总统,由段祺瑞出任国务总理,因为他们各自以不同的帝国主义国家为靠山,很快就发生了"(总统)府(国务)院之争"。这时,中国的政坛上又上演一出张勋以调停为名的复辟活动。时局动荡,政权不稳。

袁世凯倒台后,孙中山见维护共和的目标并未达成,于是又在国内举起护法运动的大旗。于1917年7月6日,南下广州,之后在广州建立中华民国军政府。戴季陶与廖仲恺等同志也一同南下,参与护法运动。

"护法"是指捍卫《中华民国临时约法》(简称《临时约法》)。《临时约法》是1912年孙中山任临时大总统时所制定的中国第一部资产阶级性质的宪法。1912年辛亥革命成功后,孙中山出任中华民国临时大总统,三个月后被迫让位于袁世凯。袁世凯于1914年解散国会,废除《临时约法》。1917年,张勋复辟失败后,段祺瑞把持北京政府,但他也拒绝恢复《临时约法》和召开国会。孙中山认为,"约法与国会,共和国之命脉也",如听任《临时约法》废弃,"则数十年革命事业的成绩,固全被推翻,而将来国家根本之宪法,亦无从制定,国本动摇,大乱不已"。

图3-1 《中华民国临时约法》于1912年3月11日颁布

于是,孙中山在与部分北伐海军南下后,于广东省议会召开国会非常会议,成立与北洋军阀对峙的护法军政府,揭开护法运动的帷幕。1917年9月1日,孙中山被推举为中华民国军政府海陆军大元帅。戴季陶被任命为法制委员会委员长,后来又被孙中山任命为兼职的帅府代理秘书长,不久兼任外交部部长(1918年4月,林森署理军政府外交部部长时,戴季陶代理外交次长)。这样,戴季陶担任三项要职,成为军政府的重要角色。

广州军政府的办公地点为两栋黄色的大楼,矗立在珠江南岸,这里曾是华南地区最大的士敏土厂,即水泥厂(士敏土是英文"水泥"的音译)。始建于1907年的官办广东士敏土厂是清末洋务运动的产物,是当时全国第二、南方最大的水泥厂。孙中山之所以将府址选在士敏土厂办公楼,一是安全,河南(今广州市海珠区)由支持孙中山的李福林所控制,珠江有服从孙中山的海军军舰停泊;二是便利,帅府距广州市城区仅一江之隔,正门面对石涌口码头,孙中山出入皆可以船代步。

图3-2　1917年9月10日,孙中山(前排左八)就任军政府海陆军大元帅

护法军政府虽建立起来,孙中山却面临重重困难:一方面,滇系、桂系军阀的专横跋扈、各为其谋,让孙中山陷入孤军奋战的困境,矛盾激化时甚至酿成武装冲突,孙中山曾两次计划炮击督军署;另一方面,财政竭蹶,让孙中山苦心支撑的军政府内部发生动摇。面对"有军才有权"的残酷现实,经历3个多月的艰难交涉,孙中山于1917年12月初,建立起一支约有8 000人的军队,但因不能驻在广州,只能"护法援闽",因而史称"援闽粤军"。1918年4月10日,

在桂系、滇系和政学系的操纵下,国会非常会议通过改组军政府的《中华民国军政府组织大纲修正案》把军政府大元帅制改为总裁合议制,剥夺孙中山的职权,使他无立足之地。由于军阀排挤,这次护法运动(第一次)以失败而告终。愤怒至极的孙中山于当年5月辞去海陆军大元帅职,离开广州。他在辞职通电中痛斥南北军阀:"吾国之大患,莫大于武人之争雄,南与北如一丘之貉,虽号称护法之省,亦莫肯俯首于法律及民意之下。"

在广州军政府期间,孙中山曾派文武两员干将前去汕头,帮助陈炯明整顿军队,计划将驻在汕头的陈炯明部改为4支革命的部队。这文武两员干将,武是蒋介石,文即戴季陶。但戴季陶到汕头后不久,孙中山又感到广州军政府在对日外交方面也离不开戴季陶,于是又急电汕头,召他回广州主持对日外交事务。因此,戴季陶在广州军政府期间,主持接洽对日外交事务是他的主要任务之一。

为了更好地向日本国民宣传中国的资产阶级革命,摸清日本各界对中国革命的态度,广州军政府成立前后,戴季陶两次(或三次)赴日,与日本政府要员开展紧张的政务活动。这一次,他不是作为广州军政府的代表,而是作为国民党的代表。这样一来,他在日本期间,不仅与日本政府官员,而且与各党派领袖、各界著名人士进行了广泛接触。戴季陶把当时中国的政治形势及孙中山领导的护法运动和孙中山护法的目的、主张一一向他们做了宣传,并听取他们的意见。通过戴季陶的努力,日本各界对中国的革命大都采取同情的态度,他再次顺利地完成了孙中山交办的任务,也消除了一些对军政府不利的因素。9月16日,戴季陶春风拂面地回到上海。17日,他对记者说:"日本朝野对中国政治上之观察,则多以为中国武人专政之风不去,无益之兵不裁,则政治毫无整理之希望。至于中日亲善之语,已为两国通人之口头禅,实则今后问题,非亲善问题,乃两国能协力行动与否之问题,日有国力,中国乏国力,若中国不能进为有力国家,则两国无从协力,亲善乃成虚语,尤望吾国民之了解者也。"戴季陶虽然告诉人们日本人民对中国人民是友善的,但他主张裁兵的做法是行不通的,至少在当时是不合时宜的。

1920 年秋,援闽粤军陈炯明部下邓仲元、何贯中等将领平叛桂系军阀莫新荣,收复广州。1920 年年底,孙中山重回广州。1921 年 4 月 7 日,非常国会在广州召开,参众两院联合通过《中华民国政府组织大纲》,并选举孙中山为非常大总统。5 月 5 日,中华民国政府成立,孙中山就任非常大总统,设总统府于广州观音山麓。是为孙中山在广州第二次建立政权。

在孙中山的领导下,中华民国政府进行了征讨桂系军阀、北伐等军事活动。但陈炯明不愿支持孙中山武力北伐、统一中国的主张,于 1922 年 6 月 16 日发动武装叛乱,围攻总统府。孙中山虽幸免于难,但于 8 月再次被迫离开广东。第二次护法运动又以失败告终。

这一时期,戴季陶继续留在孙中山身边协助工作,与胡汉民、廖仲恺等忠实于孙中山的同志一起帮助孙中山重建政府。政府成立之时,事业万端,亟待用人,孙中山几次函电在奉化滞留的蒋介石赴广州供职,蒋都以家母有病而推托,孙中山因此十分着急。戴季陶便为孙中山排忧解难,自告奋勇,以与蒋介石交情深厚,亲自去浙江劝说蒋介石。

这年 12 月 25 日,戴季陶不顾舟车劳顿连日兼程,千里迢迢来到奉化。他以情动人,以理相劝蒋介石随他一起赴广州任职。他说,革命和党国的事业不能没有蒋介石他这个把兄弟,又说"广州政府此时缺人""此去奇货可居"等。对于戴季陶的一番苦言相劝,蒋介石非但没有理会,反而与他大吵了一架,使戴季陶撞了一鼻子灰后怏怏而回。

过后,蒋介石觉得不妥,于是又写信给戴季陶,称自己"为人不自爱惜,暴弃傲慢",认为"有何面以对良师益友",故而"悔不该当初"。戴季陶则回信给他,说出自己到奉化请他

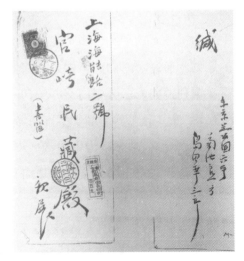

图 3 - 3　戴季陶书信外封

出山的一片良苦用心,信中道:"即劝兄赴粤,虽属为公,亦有一半系为兄个人打算。"戴季陶的推心置腹使蒋介石深深感动,终于决定"赴粤决以援桂动员之日为期"。

对于蒋介石的归来,孙中山很高兴。戴季陶也一举多得,既为兄弟着想考虑了他的前程,也为领袖体面地挽回了可用之才,自己又再次深得孙中山的器重和信赖。

孙中山主政广东,想把广东革命政府建成一个理想的政府,把广东建成中国的模范省,因此,他在法律、政治制度方面下了不少功夫,他还选中戴季陶起草广东革命政府的宪法草案及各类法律文件,因为戴是他最信任的同志之一。于是,戴季陶又开始了关于法律的研究。

为了写出一部能反映孙中山思想的宪法作为"治国的根本法",戴季陶根据孙中山的意见,找来了各国的一些法律文件,认真地进行阅读、研究,在此基础上,撰写出数万字的法律草案。他常奔波于上海与广州之间,寻找资料,又以静心写作为由,一度回浙江吴兴家中修养。可惜,戴季陶把法律草案一一写成,孙中山却因陈炯明叛变又丢失了政权,这些法律文件对广东革命政府的法制建设只起到了一定的作用。

三建政权　思想转变

两次护法,壮志未酬。在离粤赴沪的英国军舰上,孙中山回首数十年革命生涯,先是四处奔波大声疾呼的革命先行者,后意气风发就任临时大总统,再屡战屡败、屡败屡战捍卫共和,而眼前仍是军阀乱世,民不聊生,不禁感慨万千。他反思失败的原因,认为革命必须有所"凭借",而"欲得凭借,则非恢复广东不可"。

于是,1923年2月,孙中山在驱逐陈炯明叛军后又重返广州,建立陆海军大元帅大本营,就任大元帅,帅府大本营再次设于广东士敏土厂。这是孙中山第三次在广州建立革命政权,也是最重要的一次。他坚持民权的理念,捍卫共和的根基,不惜以一人之志与混世之污浊抗衡。而此时,距离孙中山在广州第一次发动武装起义已过去了 28 个年头。回顾以往的革命生涯,孙中山的革命治国思想日臻成熟。他最终决定放弃"护法"的旗帜,而成立自己的政权,并训练自己的武装。因此,这次大元帅府建设伊始,既是军事行营,也是具有内政、外交职能的政权机关,在建立初期便下设总参议、参谋长、秘书处、法制局、审计局、内政局、财政局、建设部、外交部等机构,在内政外交上实践了孙中山的革命思想和主张。

在发展教育方面,孙中山从 1924 年 1 月 27 日起,即国民党第一次全国代表大会召开期间,便每个星期天在高等师范学校讲演三民主义,共达 16 次。同年 5 月,大本营将国立高等师范、广东法科大学、广东农业专门学校合并为国立广东大学,孙中山亲笔题书训词。

在开拓新局面方面,第二次护法运动的失败,使孙中山受到革命生涯中最沉重的打击,在反思中,他逐渐意识到国民党的局限,思想和政策发生了重大转变。早在 1923 年 1 月 26 日,孙中山发表了《孙文越飞宣言》,确立了"联俄容共"的政策。这年 10 月 16 日,孙中山召集出席国民党会议的代表共百余人,在重建的大元帅府右侧的大草坪开会,并发表《过去党务失败之原因》演讲。同年 19 日,孙中山委任廖仲恺、汪精卫、张继、戴季陶、李大钊为国民党改组委员会委员,准备对国民党实施改组。

戴季陶则在 1923 年 11 月底才坐船由四川经湖北返回上海。此前很长的一段时间里,他奉孙中山的命入川,有一段时间待在成都,游说各方,止息战争。四川局势在辛亥革命以后就一直不得安宁。常言道:"天下未乱蜀先乱,天下已治蜀未治。"四川因其富庶的经济和险要的地势成为历来兵家必争之地,民国初年,滇、黔、川军阀蹂躏四川多年,战火燃遍全省。1919 年年底,各派之间矛盾达到极点,终于 1920 年 5 月至 10 月间爆发了全川规模的川、滇、黔军阀大混战。戴季陶入川后,虽然很努力地进行劝说活动,但成效甚微。他还一度把希望寄托在四川自治上,但四川省宪草公布不久,川乱再起,使他的愿望瞬间化为泡影。他与家人困在成都 8 个月,成都 4 次被围,两度破城,全家人一听到枪声,就担惊受怕。更让他苦恼的是,作为孙中山的代表,他调停各方,几经努力,却始终不得如愿。一直到国共合作的潮流势不可挡的时候,戴季陶才于 1923 年秋离开成都东下,准备返回孙中山身边,再次扶助他于左右,在他的直接领导下工作。

1924 年 1 月 20 日至 30 日,中国国民党第一次全国代表大会在广州国立高等师范学校礼堂(今文明路中国国民党"一大"旧址纪念馆)举行。大会所成立的宣言、党务、宣传、章程 4 个审查委员会,均有共产党员参加。在国共两党的共同努力下,国共第一次合作正式确立。此后,新的革命高潮迅速到来,新民主主义革命以国民革命的形式蓬勃发展。国民党"一大"后,国共两党还合作创办了黄埔军校和农民运动讲习所。不幸的是,1924 年孙中山离粤北上后,肝病发作,于翌年 3 月病逝于北京,大元帅府没有了元帅,后来于同年六七月间成为中华民国(广州)国民政府。

二　戴季陶与宋庆龄左右追随孙中山

丧失意志　自杀未遂

两次护法运动的失败对孙中山的打击是巨大的,对信服孙中山的戴季陶来说,同样也是莫大的打击。孙中山总是能在失败之余,特别是有段时间在上海专心著书立说,同时总结经验卷土重来,而戴季陶则不同,他的人生中有一段时间是极度灰暗的,他的性格过于"偏于主观的感情",而"自信力不强","随精神之衰落而趋于保守","趋于悲观",[1]这使他在痛苦和烦闷之际,甚至想过投江自杀。

从 1911 年年底初谒孙中山到二次护法失败的这十年中,戴季陶对于孙中山领导的民主革命,几乎是每役必从,在斗争的关键时刻,也总是与孙中山共

---

① 戴季陶:《告别国人书》,中国国民党中央党史史料编纂委员会编著:《革命先烈先进诗文选集》第 4 册,"中华民国"各界纪念"国父"百年诞辰筹备委员会,1965 年,第 551 页。

同战斗,在当时,的的确确是孙中山忠实的追随者之一。他给予孙中山的革命事业以很大的支持,孙中山也给予他很多的信任、教育和影响。对于孙中山的革命精神、学问、品格,戴季陶向来自愧弗如,他曾说:"不能望先生德量于什一,非不欲学也,质不如也。"①孙中山"自主倡革命以来,

图3-4 孙中山在著书

其所持主义,在中国之推行,进步之速成,较各国之革命史上成绩为优",他"崇高、伟大、仁慈"及"忠厚、和平"。

然而,在第二次护法运动失败后,戴季陶逐渐走向了极端。年轻的戴季陶,曾怀一腔爱国热情参与推翻清王朝的革命斗争,疾恶如仇,誓与清朝统治者不共戴天。他曾把革命看得浪漫而简单,也经受过辛亥革命后因袁世凯窃国而进行第一次反袁斗争失败的打击,但之后仍然能奋起参加革命,然而反袁之后的护法,一次不成,二次又不成,这一次次斗争的失败,终于没有达到戴季陶预期的效果,这使他竟然不能接受。面对冷酷的现实,他的理想双翅一度停止扇动,他情绪低落、意志消沉、不思再起,竟然发生了投江自杀未遂事件!

1922年8月14日,孙中山先生在领导二次护法失败后,抵达上海。戴季陶急忙放弃养病从浙江吴兴赶到上海,与先生住在一起。当时,孙中山刚刚逃离陈炯明叛变的乱局,正因为被自己所信任的人要置自己于死地而陷入彷徨和苦闷之中。这时,四川省的省长刘成勋的代表向育仁到达上海,他带来了四川各将领向孙中山表示慰问之意的信函,并且欢迎孙中山回四川制定省宪。孙中山虽然不大赞成四川等省的联省自治运动,但从信函中看出,四川将领们有平息争斗、合力团结之心,所以特派戴季陶为代表,带着他的亲笔信回川,劝

① 陈天锡编:《戴季陶先生文存》,(台北)中国国民党中央委员会,1959年,第1482页。

告各将领通力合作,利用四川资源发展实业,使四川经济走在中国前头,带动全国的实业发展,进而完成全国统一大业。

这年农历九月初四,戴季陶离开上海,溯江而上。恰巧,他还在吴兴的时候就打算回四川一趟,为母亲祝寿,因此有点兴奋。哪知踏上返川的旅途后,过度的兴奋使他心力剧衰,又是久病未愈,过度劳累,导致神经衰弱,情绪不佳。轮船在长江上孤寂地缓慢行驶,戴季陶整日沉闷不语,情绪不高,陷入对往事的种种反思之中,船到汉口,他蓦然想起十几岁时在码头被强盗抢走钱财失声痛哭的情景,真是几多辛酸几多惆怅。终于在一天晚上,黑夜之中他万念俱灰,竟毫不犹豫地跳入江中,顺流而下,幸得一户乡民营救而生还。[①] 事后他曾这样描述:当时"就想沉下去。但越要沉越不得沉,想钻下去,从对面浮起来,向左左浮,向右右浮,把头埋在水中,拼命地饮水,但肚皮已饱得不能再喝。只有听天由命⋯⋯这是九月二十一二的光景,天气已经很冷,我身上穿的一件花缎薄被袍,里面是卫生绒衫,长江的水,已经完全将它浸透,我一点不觉

图 3-5　1922 年,大阪《每日新闻》上关于戴季陶自杀的报道

---

① 对于戴季陶投江自杀事件的起因,有一种说法,说是因为戴当时与外甥女赵文淑乱伦而惧怕自身丑行曝光所致。在 1942 年戴季陶的原配钮有恒去世以后,赵文淑与戴季陶结为夫妇,并于 1949 年戴季陶自杀身亡后的第二年去世。

得寒冷。头部露在水面,习习江风吹来,使我心地清凉只觉得舒服,一点也不觉得痛苦。民国九年(即 1920 年)以来,三年当中,一切烦恼、罪恶、失意、忧思,通同付与长江的水流得干干净净"。①

作为孙中山的追随者,戴季陶在经历此番自杀未遂之后,思想上可能出现了转变。以至于后来,在第一次国共合作时期,他与孙中山是貌合神离的。国民党"一大"的改组,他从心底里是反对孙中山的联俄联共政策的,不过采取了巧妙的辞职办法。他曾认真"检讨"自己的一切,认为过去自己有两个重要的"罪过":一是《民权报》时代,自己过于鼓吹杀伐的言论,因此对于中国社会离乱的景象,不得不负重大的责任;二是"当年我们糊糊涂涂把中国人民优点看得太轻,胡乱输入西洋的学说,以为便可以救国救民",他认为这不仅是太过无知,而且是真有罪过,尤其他谈到了自己曾在《星期评论》时期介绍过马克思主义,并参加上海共产党早期组织的初期活动,"这更是不可饶恕的罪过"。②

戴季陶的转变与另外一位长期追随孙中山,并与其共同走过一段革命道路的人物——宋庆龄女士形成了鲜明的对比。在孙中山逝世以后,他们两人在对待孙中山革命思想和事业的问题上,出现左右分趋和截然对立。宋庆龄坚定地继承孙中山的革命思想和事业,与时俱进,选择国际主义、共产主义为归宿;而戴季陶则成为国民党右派的代表人物,背弃孙中山的思想和事业,成为反共理论家。

政见不合　戴宋交恶

戴季陶与宋庆龄几乎是同龄人。宋庆龄出生于 1893 年,戴季陶出生于 1891 年,比宋略长 2 岁。他们都成长于中国民族危机日益严重和民主革命浪潮逐步高涨的时期。热血青年早期的为国为民的情怀,使他们共同走到了孙中山的身边。

---

①　戴季陶:《八觉》,《戴季陶集》,上海三民公司,1929 年 11 月,第 15 - 16 页。
②　戴季陶:《八觉》,《戴季陶集》,上海三民公司,1929 年 11 月,第 20 页。

宋庆龄从小就受到孙中山的反清革命思想和"痛感人间不平等而终身投入革命"的献身精神的影响。1913 年 9 月，她从美国学成归国，之后随父抵达东京，拜访了当时正处于二次革命失败后流亡日本的极端困窘之中的孙中山，当时的她满怀着民主革命的激情和对孙中山的深切仰慕。第二年 9 月，她接替大姐宋霭龄成为孙中山的英文秘书。这时恰巧距离戴季陶成为孙中山的随从秘书有两年。此后，应该说，宋、戴都追随孙中山风雨同舟，患难与共，成为深得孙中山信赖的近卫战士。

图 3 - 6　1913 年从美国威斯里安女子学院毕业的宋庆龄

1915 年 10 月 25 日，宋庆龄更不顾家人的反对，毅然和孙中山在日本结为夫妇，从此不仅成为孙中山的忠诚助手，也成为他的革命伴侣。她积极而又默默地协助孙中山处理函电、起草文件、提供资料、经管革命经费、慰问伤病员、联系群众等等，做了大量卓有成效的工作。特别是在 1922 年 6 月，陈炯明叛军围攻总统府，欲置孙中山于死地的关键时刻，宋庆龄不计个人安危，毅然劝孙中山先行脱走，自己留后掩护，更表明她对孙中山革命事业的无比忠诚和临危不惧的高风亮节，获得人们的普遍尊敬和赞扬。一句"中国可以没有我，但不可以没有你"，令无数人动容。更悲情的是，由于陈炯明叛变，宋庆龄在慌乱之中流产，此后一生未育，失去了做母亲的机会，令她终身受到伤害。但她始终一如既往地支持孙中山，从头到尾勤勤恳恳为革命做贡献。

孙中山遇见宋庆龄，他的生命注入了新的活力。他对宋庆龄充当英文秘书一职表现出的教养、学识和能力都感到非常欣慰，因此对宋极其信任和爱护。同时，他对拥有宋庆龄的感情也表现出格外的珍视和尊重。与宋庆龄结婚前，他一再请求她慎重考虑，并要求她禀告父母。与宋庆龄结婚后，孙宋二人在理想、志趣和性情方面都极为和谐，虽然他们的年龄相差了 27 岁，但他们被人们公认为拥有幸福美满的婚姻。

随着护法运动的迭遭失败、工农群众运动的高涨、中国共产党的成立及其新活力的初显,孙中山从陈炯明叛变的沉痛教训中领悟到"结合者即强"的道理,进而采取联俄、联共、扶助农工的政策,以作为拯救国民党、推进中国革命的途径。宋庆龄赞同他做出的"国民党正在坠落中死亡,因此要救活它就需要新血液"的决定,因而支持国共合作,支持三大政策。在上海寓所,她和孙中山热情地接待李大钊等共产党人,认为这些人是"真正的革命同志",在斗争中"能依靠他们的明确思想和无畏的勇气",当一些国民党右派分子拉她反对孙中山的联共行动时,她断然予以拒绝。

戴季陶则在酝酿改组国民党、实行国共合作的关键时刻,持反对态度。据他自述:"再四研究,觉得此改组之动机,殊非适当,……吾当以教育宣传为基础,而不仅利用土匪与政客为军事政治之活动。"①戴季陶采用了消极抵制的办法。他离开成都后,来到上海,在这年的 12 月 9 日国民党中央干部第十次会议上,得知孙中山有容纳共产党加入国民党,召开全国代表大会之事,且自己被委任为临时中央执行委员,即电粤请辞,并未赴粤。他对来沪劝其赴粤就职的廖仲恺说:"共产党之加入,必须造成单纯之党籍,而不能存留两党籍,启他日之纠纷。"他还背着孙中山,在四川组织以反共为宗旨的秘密团体。廖仲恺因无法说服戴季陶参加国共合作的工作失望而归。直到 1924 年 1 月,孙中山电促其赴粤参加国民党第一次全国代表大会,并又派廖仲恺再次来沪劝行时,戴季陶才只好一同赴粤。

孙中山逝世后,要不要继承和发展孙中山的革命思想和事业,是摆在中国人民面前的一个重大课题。宋庆龄在悲痛之余,坚持维护并善于利用"全国国民之爱国心与团结力","努力以竟其领袖未竟之志","共起奋斗,为民族争独立,为人权争保障"。而戴季陶则提出所谓以"纯正三民主义"为中心思想的国民党"最高原则"的建议,旨在反对三大政策。

宋庆龄对戴季陶背弃孙中山的思想和行为进行了批评指责。1925 年 8

---

① 《宋庆龄选集》,中华书局,1966 年,第 465－466 页。

**图 3-7　1924 年 1 月,中国国民党第一次全国代表大会在广州召开,
孙中山在会上发表演说**

月 20 日,廖仲恺在广州被国民党右派暗杀,宋庆龄深感悲痛和愤慨。她参加了上海执行部为廖仲恺举行的追悼会。追悼会那天,戴季陶担任会议主席,宋庆龄在会上发表演说,演说之际,她对戴季陶也给予了斥责,使他颇为难堪。

1926 年 1 月,宋庆龄、戴季陶出席在广州召开的国民党第二次全国代表大会。宋在会上发表演说,谴责右派集团违背孙中山遗训,号召党员紧密合作,共同努力去忠实执行孙中山的三大政策,实现先生的革命主张。宋庆龄的出现,使得国民党左派力量获得了胜利。反共的"西山会议派"得到了处分,一些右派分子被开除和得到警告。戴季陶虽未正式出席西山会议,但因他曾为"西山会议派"筹措经费和擅自印发反共小册子,大会给予"促其反省,不可再误"的训令,并"禁止三年不得作文字"。戴在会后发表声明,说对"西山会议派"的处分"不得其平",更不接受大会对自己的处理,拒绝参加国民党中央的工作。

1927 年 4 月 12 日,蒋介石在上海发动反革命政变,宋庆龄和毛泽东等即联名通电讨蒋,号召革命群众"去此总理之叛徒,本党之败类,民众之蟊贼"。自此之后,宋庆龄一再发表反蒋声明,与蒋介石进行不妥协的斗争。同年 7 月 14 日,汪精卫在武汉悍然举行"分共"会议,宋庆龄拒不参加,并以国民党中央执行委员身份发表声明,抗议汪等违反孙中山的革命原则和政策,宣布"对于本党新政策的执行,我将不再参加"。

图 3-8　1927 年 2 月,日本大阪《朝日新闻》关于戴季陶的报道

　　戴季陶则对于蒋介石的"清党",欣喜若狂。此前,他已在中山大学实行所谓"不流血清党",通过"甄别考试",以各种借口"淘汰"了 200 余名进步人士。至此,他立即指示朱家骅在中山大学实行"清党",声称:"任何政党可以容其存在,而共产党则非绝对禁止不可。"由此开除了 464 名进步学生与教职员工。蒋介石南京政权建立后,戴季陶任考试院院长等要职,极力鼓吹"拼命推行一种迪克推多,建设起国民革命的纪纲来"(注:"迪克推多"为英语 dictator 的音译,意为"独裁者"),成为国民党内的反共先锋。

　　戴季陶及其夫人钮有恒原先是与宋庆龄极其相熟的。但是由于政见不同,戴季陶夫妇与宋庆龄之间的鸿沟越来越深。

　　1929 年 8 月 1 日,宋庆龄在国际反战日给柏林世界反帝大同盟发了一封电报,指责反动的南京政府与帝国主义联成一

图 3-9　1920 年孙中山与宋庆龄结婚五周年合影

气,残酷镇压中国人民。对此,蒋介石十分生气。但慑于宋庆龄的身份和威望,不敢对宋采取极端行动,思前想后,决定派戴季陶去拉拢宋庆龄。戴季陶遂携夫人来到宋庆龄在上海的寓所。戴季陶先与宋庆龄进行了一番颇有感情的寒暄,后来渐渐说到自己参加国家的建设,既不是为了金钱,也不是为了贪图地位,而是为了分担一份党国事业艰难的责任。宋庆龄却十分明白他们的来意,晓得他们是奉蒋之命而来,便不愿接话,转而十分严肃而不客气地说:"我的电报正是为维护中国人的光荣的表示。你们投降日本和外国帝国主义,侮辱革命的苏俄,才证明你们是一伙走狗,给国家与人民带来了耻辱。"①宋庆龄还愤怒地与戴季陶进行辩论。对于戴季陶要劝说她到南京去,被她当场断然拒绝。就这样,这场会面不欢而散。事情虽小,却意味着宋庆龄与戴季陶在孙中山去世后因为政见不合、选择不同而最终关系恶化,走到相互的对立面。

三　戴季陶与广州中山大学

执掌中大　主义先行

广州中山大学(简称中大)和黄埔军校是孙中山为领导革命为国民党培养和储备文武人才之地。中山大学和黄埔军校都诞生于 1924 年。黄埔军校建校时称"中国国民党陆军军官学校",后通称黄埔军校。中山大学当时称国立广东大学,已有一百多年办学传统,现在是国内一流、国际知名的高水平大学,是中国学术与文化的南方重镇和人才培养的南方高地。

当时,中山大学的领导权向来为国民党各派所重视。学校成立时由国民党元老邹鲁掌权,1925 年 11 月邹鲁因"西山会议"问题被免职,大学的领导权就落到了汪精卫派手中。1926 年 7 月 17 日,国民政府发布命令,正式宣布广东大学改名为中山大学。而此时,蒋介石任北伐军总司令,由于北伐战争顺

---

① 黎洁华、虞苇:《戴季陶传》,广东人民出版社,2003 年 6 月,第 209 页。

利,他的势力日益扩张,他一手控制黄埔军校,另一手则安排戴季陶执掌中山大学,打算把中山大学作为培植自己势力的工具。1926 年 8 月 7 日,国民政府委任戴季陶为中山大学校长。从 1926 年 8 月至 1930 年 9 月的 4 年里,戴季陶担任中山大学委员长、校长职务。在这 4 年中,他"改造"中山大学,确立三民主义的教育方针,加强中大的基础建设,某些方面对中山大学的发展起到一定的积极作用。

戴季陶被任命为中山大学校长时,本人正在湖州养病,不能到任,暂由他人代职。这年 10 月,他来到中山大学,所做的第一件事,就是全面"改造"中大。

图 3 - 10 广州中山大学校徽

当时,中山大学的学生革命运动,在中国共产党的领导下迅猛发展,已是全国青年学生革命运动的中心。1926 年,中山大学有中共党员 60 多人,共青团员 300 人左右,团支部是广东省共青团区委中人数最多的一个。一批思想进步的教授学者,在中大传播新知识、新思想,还对学校某些学科进行整顿,采取了一些新的改革措施。学生之中左右派斗争剧烈。

戴季陶在来中大前已了解到这些情况,便提出三条意见,主要内容是:第一,暂时取消校长制,改设校务委员会,由该会负责整顿工作,他本人担任委员长,顾孟余为副,丁惟汾、徐谦和朱家骅为委员。第二,明确大学的党化问题。他极右地提出,"大学政治训育""必以党化为原则",并强调"在大学的一切科学的研究,应造成科学的党化,俾一切科学的发展,皆能完全为革命的发展而存在"。第三,要求学校的财政由政府及党中央共同负责等。这三个问题,是关系到学校领导权、办学方针和办校经费的重大原则问题。

当年 10 月间,国民政府采纳了戴季陶的意见,免去经享颐代校长的职务,任命新的 5 人委员会,后来,顾、丁、余先后离粤,只剩下戴季陶和朱家骅两人。

随之而来的便是"不流血的清党"及实施"党化"训育等。在"清党"的"甄别考试"中,全校学生 2 000 余人,甄别淘汰率高达 1/10,这些学生被处以停学和留级处分。而全校的教职员 400 余人,重聘的只 70 余人。对学校进行整顿的同时,戴季陶抓紧党化训育工作。他对政治训育工作非常重视,认为整饬学风,必得先从青年思想抓起,所以在制定校务整顿方针后,实际行政工作都交给朱家骅执行,自己则利用时间对学生讲演,每天长达两小时。他这样做的目的是要使学生和教职员"对政治有一致的认识,对政治有一致的方向,对主义有一致的了解",实际是要消除当时马克思主义对青年学生的影响,力图使青年学生成为他的忠实信徒。他宣称"最适当的完全的革命理论就是孙先生给我们的三民主义。我们信仰三民主义,要彻底的信仰,不要怀疑,不要说那是错了那是矛盾的"等,进而又把"党化教育"的原则发展为"三民主义教育"的方针。

1928 年,戴季陶约同中山大学和广东、广西两教育厅的负责人共同讨论三民主义教育方针的问题,并亲自起草了《确立教育方针实行三民主义的教育以立救国大计案》,提交当年 5 月 5 日召开的全国教育会议。这次会议后,国民党便正式确立了以三民主义为标准的教育方针。然而这个教育方针有如下两个主要特点:第一,以蒋介石统治集团解释的三民主义为最高准则,在学校形成以党治为目的的政教合作的统治模式;第二,以中国旧道德为体,以西方科技为用。戴季陶认为,中国只是在科学技术方面落后于西方,而中国古代的

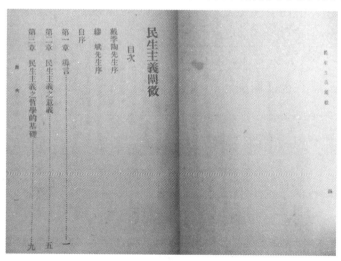

图 3-11　戴季陶为高维昌著《民生主义阐微》作序(1929 年)

伦理哲学和政治哲学,则是全世界文明史上最有价值的人类精神文明的结晶,为西方思想文化所不及。因此,他把中国的旧文化、旧道德视为巩固统治之本,而科学技术则为低于固有文化的"器"与"末"。然而,深究其目的则是在于他希望培养"三能齐备""八德俱全"的学生为独裁政权及统治者尽忠尽责。在他这样的三民主义教育方针的指导下,许多进步的、革命的、有才华的教师相继被迫离开学校。

戴季陶的"三民主义教育方针",表面上看,是维护了孙中山的三民主义,而实际上只是挂了孙中山的名,这种做法根本上来说也是错误的,因为那些不允许人们怀疑孙中山思想的行为,只会把孙中山进一步神化。所以,他所实行的不过是一种愚民政策,这种政策是与新文化运动以来所形成的时代特质,即追求民主与科学的精神,是背道而驰的。

学校建设　倾力而为

另一方面,戴季陶在中山大学时,致力于学校的基本建设,也的确为中山大学的发展做出过一定贡献。他认为,中山大学的办学目的,是造就成为国民党的最高学府,培养学生成为为国民党服务的、有专门科学技能的人才,作民国建设的基础。因而为达这个目的,他一方面强调党化训育和三民主义教育,以保证学校不偏离为蒋介石统治集团培养人才的根本方向;另一方面,也注重提高学校的学术地位。在他任职期间,中山大学的办学条件得到改善,中大医、农、理(包括天文、生物、地质在内)等科的发展取得过一定进步。

图3-12
任中山大学校长时的戴季陶

为提高学校的学术水平,使学校具有进行学术研究的设备和条件,戴季陶自接手中山大学起,就提出许多计划,并为此而苦心经营。

戴季陶很重视学校的图书馆建设。他到中山大学上任之前,便认为具有一个相当规模的图书馆是一个大学能够具有真实的学术价值的首要基本因素。因此,他曾向国民政府建议,向海内外募集 1 000 万元,作为学校基金,此基金专门用于建设图书馆及试验所。虽然这一气魄颇大的募集计划,在那时并不具备实现的可能,但却反映出他对学校基本建设的关心和重视。当时的中山大学的图书馆,除了有若干中国的旧书以外,几乎没有外文书籍。管理的方法也不善,图书散失了不少,房屋也快倒塌。戴季陶到任后,一方面注意寻求图书馆管理的专门人才,另一方面想方设法扩充图书馆。他拿出一项 150 万的建馆预算案,其中 1/3 的款项请政府筹拨,2/3 的款项拟在海内外募捐。为此,他还曾打算亲自到海外去募捐,但由于要进行别的工作而未能成行。当此之际,正是北伐之时,政府无力顾及什么图书馆建设,戴季陶只好从大学的经常经费项下,尽力节约经费来购置图书。他的节约原则是拿出大学每月经费的半数作图书仪器设备之用。几年之后,中山大学的图书馆便小有规模。戴季陶本人对此颇为得意,曾在信中对友人说,中山大学图书馆经他之努力,"虽不及北京图书馆,而在全国已取得第二名。盖图籍卷数,贤任内购者,共十六万余卷,约六万册弱,西文书、小册杂书不计,有名巨著及知名定期刊……共五万余册"。[1] 至 1934 年,中山大学的藏书量已为全国各大学之冠,如此可观的发展,正基于戴季陶与朱家骅等前期做的工作,二人对此功不可没。

戴季陶对中山大学的教学与科学研究工作也十分重视。他的做法之一是尽力广揽国内外一流的学者。1926 年与 1927 年之交,鲁迅、许寿裳、施存统、孙伏园、孙福熙、傅斯年、何思敬、许德珩、江绍原、容肇祖都曾相继来到中山大学应聘。1927 年夏,走了一部分人,后来又来了顾颉刚、俞平伯、赵元任、罗常培、汪敬熙、赵振声等人。他们其中许多人,曾在中山大学传播新知识、新思想,是当时中山大学的台柱。1927 年中山大学还聘请外国专家来校,如在医科任教的德国专家就有 7 人,大大加强了医科的教学科研力量。

---

① 陈天锡编:《戴季陶先生文存》第二卷,(台北)中国国民党中央委员会,1959 年,第 660 页。

做法之二是加强学科建设,扩充实验场所及设备,支持各科开展科研考察。戴季陶上任的头三年,都从每月几万毫洋的拮据的经费开支中腾挪出费用来添置设备。初到中山大学,他最注重医科的发展工作。因为当时的医科刚从美国人手里收回自办,所以他表示"不能不努力从事,以表示我们的决心"。他上任后,中山大学的医科新设置了生理研究所、细菌学研究所、病理学研究所,比较全面地引进外国先进医疗技术。其次,他还亲自参与设计筹建中山大学天文台,这是国内高等院校中第一座天文台,也是广东最早的天文台,仅次于上海徐家汇天文台,位列中国第二,而当时南京紫金山天文台还没有开始建设。中山大学天文台原旧址位于现广州市越秀中路125号广东省电影公司院内,后来石牌新校区建成便迁往石牌,因此第二处旧址位于今华南农业大学五山校区内。第一处旧址的主体建筑依山而建,高三层,地下室一层,地上两层,建筑东侧建有折式楼梯可上至第三层天文观测工作室。其建设与落成均在戴季陶任内。中大天文台对广东、中国乃至世界天文科学研究都有过贡献。

图 3-13　中山大学天文台旧址

再次,戴季陶积极支持组织创立南方生物调查会和两广地质调查所。生物系1928年成立采集队后,在西南各省采集到动物标本6万余件,植物标本20余万件,著称于国内大学。广西瑶山植物标本,填补了世界标本的空白。而由朱家骅兼任系主任的地质系则每年均有十余次到各地考察调查,该系师生所作的地质专题研究,在我国地质科学发展史上曾起过一定的作用。

复次,戴季陶对农科的发展也十分重视。他认为农业是工业的基础,发展改良农蚕畜牧是避免中华民族亡国灭种的重要工作。他曾打算亲任农科院院长,意在"尽力把中大农科办得完善,使农业有更大的进步"。中山大学还模仿美国办农科,实行教学、科研、生产三结合体制,成立南路稻作育种场,设立农林植物研究所,并继续开发中山大学在石牌的第二农场,种植果树、热带作物,改良新稻种等。戴季陶曾在石牌亲自量度,参与设计中山大学农场工作。他对植树造林开垦工作也十分感兴趣,他创办林场,曾领导发动开发荒山荒地25 000亩[①]。

图 3 - 14　1927 年,戴季陶访日合影,前排右三为戴季陶

戴季陶为中山大学做的第三件事是建设中山大学的新校舍。这是他到任后就一直筹划的大事。中大的旧校舍原分散在市内各处,大都年久失修,且在繁华的市中心,无法扩张校园。创办之初,孙中山曾命邹鲁择石牌官地建校。戴季陶接任后,就着手从事在石牌建设大学村的计划。他曾邀请著名建筑家吕彦直先生(即南京中山陵及广州孙中山纪念堂的设计者)和本校德国海克教授先后设计过两个方案,因感觉不够理想没有采用。最后由一名姓杨的工程

① 　陈天锡:《戴季陶先生的生平》,(台北)商务印书馆,1968 年,第 178 页。

师就山水所宜,设计了一个模型。在设计过程中,戴季陶本人不辞辛苦,亲自到石牌量度,与工程师互相研讨,终于达到满意,他自信是中国 300 年来所未有的建筑模型。之后,为了实施这个计划,他从 1926 年年底至 1929 年间先后三次向国民党中央提出申请,要求拨给建新校的经费。经过努力,1930 年 1 月,中山大学建筑新校舍的提案得以通过。当时政府批给了 200 万元。虽然中大新校舍在戴季陶的任上没有完成,最后是集几任校长的心血,但他在任上时也有所贡献。

在中山大学的 4 年里,由于在中央另兼有许多重要职务,戴季陶并不常在校内。尤其是 1928 年戴季陶担任南京国民政府考试院院长以后,他便与在浙江兼职的朱家骅轮流来校处理事务。他们不在时便由教授沈鹏飞代理校务。当时,戴季陶又当院长,又当校长,常常奔波于宁粤两地,由于两地相隔较远,他感到实在难以兼顾,因此最后辞去了校长职务。他在任时,曾向国民党中央建议在中山大学设立董事会,并自愿担任董事长,1929 年 9 月间,国民党中央便通过了成立中山大学董事会的决议,蒋介石、胡汉民、戴季陶、宋子文、孙科、朱家骅等 9 人为董事,戴季陶兼董事会主任。这个董事会负有中山大学的建设、发展之责,也是我国公立大学设董事会的始举。这样一来,戴季陶虽然于 1930 年 8 月不再担任校长,但他仍兼任校董事主任至 1932 年 2 月。从这个意义上可以说,他对早年中山大学的建设发展一直都起到极为重要的作用。

中山大学既是国民党创办的大学,应该说戴季陶肯定对它怀有特殊的感情。他非常想把大学办好,为此也曾花费不少心血。他把办好中山大学与发展民国的建设事业、振兴中华的理想都紧密联系起来。朱家骅曾说,戴季陶对于中山大学,"可说时时刻刻念兹在兹",照他本人的志愿,"他宁可不担任中央的职务",也要来"专心办理这个学校"。

第四章
创办杂志　共研理论

五四运动时期,孙中山积极支持工人和学生的爱国运动,指派戴季陶等人创办《星期评论》《建设》等杂志,大力宣传新理论新思想。戴季陶在孙中山革命思想的影响下,写作了一系列顺应时代潮流的理论文章。此外,戴季陶还受孙中山指派,参与改组国民党,并从事交易所活动,为国民党筹集经费,其间与蒋介石等人结成的深厚情谊,奠定了他日后的政治基础。孙中山创立"五权分立"学说,戴季陶继承并不断拓展深化。

一　孙中山的"信徒"

思想革命　创办杂志

1919 年 1 月 18 日,第一次世界大战的战胜国在巴黎召开所谓的"和平会议",以解决战后一系列的问题。作为战胜国的中国派由北京政府和广州军政府联合组成的代表团参加了会议。中国代表团提出了取消"二十一条"等不平等条约,及归还日本从德国手中夺去的山东各项权利等要求,却遭到帝国主义列强的拒绝,列强还在对德和约上规定把德国在山东的特权全部转让给日本,北洋政府居然准备签字,这一切激起了全国人民的反对,从而爆发了五四运动。

这场以青年学生为主力军,广大群众、市民、工商人士等中下阶层共同参与的席卷全国的爱国运动,再次激发了戴季陶的革命热情。当时他从第一次"护法运动"失败的阴霾中走出来,在孙中山的领导下,重新投入战斗,与孙中山一起,创办杂志,共研理论。他受孙中山的命令,与李汉俊、沈玄庐等人一起在上海创办《星期评论》,作为国民党中央机关报《民国日报》系列中的杂志,担任主编。① 由于护法斗争的失败,孙中山在 1918 到 1919 年间,深居简出,很少参加社会活动,而是致力于著书立说,他的革命方向发生了转变,认为思想革命的力量是最重要的决定因素,革命要想取得成功,一定要从思想革命入手。孙中山对五四运动给予了高度评价,并十分支持上海的学生爱国运动,正是在这样的背景下,孙中山指派戴季陶创办《星期评论》。② 孙中山将戴季陶等得力干将集中起来出版《星期评论》等杂志,就是要"激扬新文化之波澜,灌溉新思想之萌蘖,树立新事业之基础,描绘新计划之雏形"③。戴季陶对五四运动的评价很高,他"认为五四运动的确是中国近代史上一个很大的纪念,比起十年前辛亥广州起义,即黄花岗之役,可以说是毫无逊色,具有同等价值。"④戴季陶表现出很高的热情,"在我自己是十年来最满意的一年","虽是在半年多的当中,整天整夜忙不了地工作,但是只觉得我自己的工作是一个很有趣味的艺术,越做越高兴,越忙越快活,所以,这过去一年间的生活,可以使我生出永远无限的感激,可以使我脑筋中留住一个不断的憧憬"。⑤

《星期评论》杂志于 1919 年 6 月 8 日创刊于上海,撰稿人有孙中山、廖仲恺、李大钊、陈独秀、李汉俊、胡适等,都是中国近代史上赫赫有名的人物。杂志设有"评论""主张""短评""思潮""世界大势""研究资料""随便谈""诗""小说"等栏目,公开支持五四爱国运动,积极支持工人罢工和学生的爱国行动,大胆宣传新思潮,介绍各种社会主义思想。从创刊到 1920 年 6 月 6 日被迫停刊,在短短 1 年的时间里,成为上海乃至全国最出名的刊物,是新文化运动的

---

① 余方德:《风流政客戴季陶》,上海人民出版社,2003 年,第 173 页。

② 欧阳军喜:《国民党与新文化运动——以〈星期评论〉、〈建设〉为中心》,《南京大学学报》,2009 年第 1 期,第 36 页。

③ 黄季陆:《总理全集》,近芬书屋,1944 年 7 月,第 160 页。

④ 黎洁华、虞苇:《戴季陶传》,广东人民出版社,2003 年 6 月,第 103 页。

⑤ 唐文权、桑兵编:《戴季陶集》,华中师范大学出版社,1990 年,第 1089 页。

重要宣传阵地之一,产生了非常大的影响。

图 4-1 上海孙中山故居纪念馆藏《星期评论》合订本

戴季陶用犀利的文笔,痛斥反动无能的北洋政府,认为北洋军阀的倒行逆施即使送了一个人的生命,也会培养出几万万个奋斗者来。他作为刊物的主编和主要撰稿人,写了 130 多篇文章,内容涉及俄国革命、中国的社会主义问题、中国的经济问题、国际国内的劳工问题、妇女问题等,对腐朽的封建制度进行了猛烈的抨击。此时的戴季陶希望把马克思主义纳入三民主义中来,借此争取工农群众接受孙中山的领导。他在《访孙先生的谈话》一文中,通过对他和孙中山关于对工人运动的谈话,宣传自己的这一思想:"工人直接参加政治社会运动的事,已经开了幕,如果有知识有学问的人不来研究这个问题,就思想上知识上来领导他们,将来渐渐地趋向到不合理不合时的一方面去,实在是很危险的","要用温和的社会思想来指导社会上的多数人","那些做煽动功夫的人,就拿了一知半解系统不清的社会共产主义,传布在无知识的兵士和工人里面,发生出动乱来,真是一塌糊涂,没有办法了"。① 他在《女子解放从哪里做起》一文中,对妇女问题提出了明确的见解。对于男女平等教育的问题,戴

① 戴季陶:《访孙先生的谈话》,《星期评论》第三号,1919 年 6 月 22 日。

季陶认为,女子解放是要用普及女子国民教育作基础的,"国家及地方的教育经费要使男子和女子平等享受,就是男女儿童受教育的机会平等","高等专门学校及大学不能够设'性的限制',使女子可以与男子一样得受高等教育的机会"。关于中国女子对社会的贡献问题,他认为,对社会共同劳动基本的贡献,女子并不少于男子,"乡下妇女所做养蚕、纺纱、织布、采茶的功夫是不用说了,就是耕田和樵采,也有许多地方和男子一样操作","至于机器工业已经发动了的地方,向来在家庭做纺织功夫的女子都被吸收到大工场里去,整日整夜的作工。只是上海一个地方,在工场作工的女子也就不在少数了"。在此基础上,戴季陶对于"中国女子解放问题"下了自己的结论,他认为"女子解放的第一步,是男女的教育平等","女子教育的目的,是要使为社会服务的女工得受教育的机会"。①

北洋政府对《星期评论》十分地仇视,但又不敢明目张胆地取缔,于是采取了一些阴损的招数,破坏杂志的出版发行。它们利用掌控的邮政渠道,一面截留全国各地进步人士给《星期评论》的投稿,一面拒不发送《星期评论》到其他地方,这样一来,刊物就无法在市面上正常出版发行,最终不得不停刊。戴季陶当时正在广东,听说自己呕心沥血办的刊物被停刊后,难过得几乎要大哭一场。

1919年8月1日,《建设》月刊创刊,戴季陶又协助孙中山创办了该刊物。孙中山亲自为《建设》杂志撰写了《发刊词》:"先是议定名,胡汉民欲命名为'改造',国父不以为然,谓建设为革命唯一之目的,如不存心建设,既不必有破坏,更不必言革命,遂定名为'建设'。"②孙中山要戴季陶筹办《建设》月刊,也是为了"激扬新文化之波澜,灌溉新思想之萌蘖,树立新事业之基础,描绘新计划之雏形"。孙中山在发刊词中说,中华民国成立以来,国际地位没有能够赶上西方列强,国内官场腐败、军阀横行、民不聊生,这是因为革命后建设不够,因此,

---

① 戴季陶:《女子解放从哪里做起》,《星期评论》第八号,1919年7月27日。
② 罗刚:《中华民国国父实录》,(台北)正中书局,1988年,第3462页。

他创办这个刊物"鼓吹建设之思潮,展明建设之原理,冀广传吾党建设之主义,成为国民之常识,使人人知道建设为今日之需要,使人人知建设为易行之事功,由是万众一心以赴之,而建设一世界最富强最快乐之国家,为民所有,为民所治,为民所享者"。从发刊词中我们可以看出,《建设》杂志宣传革命思想,批判北洋军阀反动统治,是当时的进步刊物之一。戴季陶和朱执信、廖仲恺、胡汉民、汪精卫等人,是该刊的主要撰稿人。

戴季陶关于革命的一些基本思想,在《建设》第一卷第三号的《革命!何故?为何?——复康君白情的信》中可见一斑。在关于"革命的事业到底是什么东西"这个基本问题的认识上,他用了七句话来表达:"一、全人类的普遍的平等的幸福,是革命究竟的目的。二、中国国家和社会的改造,是革命现在进行的目的。三、中国人民全体经济的生活改善和经济的机会平等,是现在进行的目的的理想形式。四、普遍的新文化运动,是革命进行的方法。五、智识上思想的机会均等和各个人理智的自由发展,是新文化运动的真意义。六、文字及语言之自由的普遍的交通和交通器具的绝对普及,是造成理智上机会均等的手段。七、平和的组织的方法及手段,是革命运动的新形式。"[①]这些观点在当时都是非常进步的。

戴季陶在《我的日本观》一文里,还系统地阐述了对日本的看法。戴季陶一生在日本度过了很长的时间,年轻时在日本留学好几年,之后又跟随孙中山到日本逃难,因此他有很深的日本情结,对日本有比较深入的看法和见解。特别是在五四运动后,全国反日情绪高涨,他发表这篇文章可谓切合时宜。他在文章中系统地分析了日本兴起的缘由,认为"俄国的革命、德国的革命和战后各国雨后春笋一样的社会运动,都是刺激日本平民神经的兴奋剂。这两三年来,日本社会思想和社会运动的进步真可算是一日千里了"。他认为:"对华的侵略政策并不是日本的农夫工人的责任,是政治上、产业上特权阶级的责任。

---

① 桑兵、朱凤林编:《中国近代思想家文库·戴季陶卷》,中国人民大学出版社,2014年4月,第322页。

侵略政策的结果是什么？就是造成压迫多数人的势力。"①

戴季陶在这一阶段所写作的文章,和孙中山的领导和影响是分不开的,他提出的这些理论和孙中山这一时期关于革命的论述观点,保持了统一的基调。或者说,正是在孙中山革命思想的影响下,戴季陶结合时事,审时度势地提出了一些符合时代潮流发展的理论,为新文化运动做出了贡献。他在《星期评论》上发表的一系列关于中国经济问题的文章,都是以孙中山的民生主义理论为基础的,他的劳工、妇女等问题的文章,也是为了希望能够把工人、妇女纳入孙中山的三民主义的轨道中来。但是,戴季陶虽然宣传了马克思主义,但他本质上却是反对社会主义的。他想用所谓中国传统的互助、仁爱思想抵制阶级斗争,抹杀和掩盖当时中国社会的基本矛盾,从而反对社会主义在中国的实现。他曾说:"我们国家的建设、社会的组织,在目前这个时代,是绝不能照那几种的主义去实行的。"②

改组编书　从商立基

1916年7月护国运动结束后,中华革命党停止了一切党务。为了进一步发动革命力量,1919年10月10日,中华革命党正式改组为中国国民党。为广泛吸收党员,中国国民党放弃了中华革命党的秘密组织形式,转为正式公开。戴季陶在孙中山的指示下,积极参与中国国民党的改组事务。他参与起草了《中国国民党规约》,以"巩固共和,实行三民主义"为该党最高纲领。③ 新党章放宽了入党条件,重新设计了组织机构。"凡中华民国成年男女,与本党宗旨相同者,由党员二人介绍,并具自愿书于本党,由本党以给证书,始得为本党党员";"凡中华革命党党员,皆得为本党党员"。中国国民党的组织制度为总理制,设1名总理代表全党总揽党务。按照新的规约,中国国民党本部设总务、党务、财政三个部。本部设在上海,下设总支部、支部、分部,党名加"中国"

---

① 戴季陶:《我的日本观》,《建设》第一卷第一号,1919年8月1日。
② 戴季陶:《关于民国建设方针的主张》,《星期评论》第二号,1919年6月15日。
③ 邹鲁:《中国国民党史稿》,东方出版中心,2011年11月,第287页。

两字,以区别于原国民党。13 日,原中华革命党本部事务主任居正呈请任命中国国民党各部主任,孙中山以总理身份,委任居正为总务主任,谢持为党务主任,廖仲恺为财政主任。

戴季陶还接受了孙中山的另一项任务,就是编纂初等师范和中小学的教材。1919 年前后,孙中山在上海著书立说、埋头钻研理论的时候,他发现当时的中小学教科书存在很多的错误,而且还是停留在过去封建宣传的那一套,灌输传统保守的封建思想,根本不能适应时代发展的需要。孙中山认为,要想培养革命力量就必须从小抓起,因此他决定让戴季陶等人编制小学、中学、初等师范学校的教材。戴季陶受命研究适合当时中小学教育的教材,并且负责编辑初等师范、中学、高等小学和初等小学的教科书。在孙中山的大力关心和指导下,戴季陶等人首先编辑了国文、中国历史和中国地理三科的教材,由朱执信任教材总编辑,戴季陶、胡汉民和廖仲恺分别担任编辑。戴季陶在担任教材编辑的时候,广泛搜集其他书局出版的各种教材、参考书等几百种资料,此外,他还搜集了大量的外国学校的教科书、课外读物等书籍,对国外的教育制度做了比较深入的研究,同时详细地比较和分析了各种教材,才开始新教科书的编辑。可惜的是,由于北洋军阀悍然解散国会,孙中山第二次开展护法运动,教科书的编辑工作被迫中断。

为了筹措革命经费,孙中山对交易所这种经营方式非常感兴趣,称其为"商业枢纽",他希望能够通过兴办交易所为革命筹措经费。交易所作为证券和物品的交易中间人,向出售者和购买者提供适当的场所并促其成交,由此向买卖双方收取一定比例的佣金。1916 年年底,孙中山就曾联合上海的大资本家虞洽卿一起,提出在上海办交易所的申请,但被北洋政府的农商部拒绝。1918 年,日本商户三井、三菱等在上海办了所谓的"上海取引所"(即交易所),几乎把上海华商的棉纱生意全部抢走。在此背景下,上海资本家虞洽卿、闻兰亭等人加紧筹备。1920 年 7 月,在孙中山的授意下,戴季陶、张静江、蒋介石等国民党人,和虞洽卿等一起筹集股本 125 万元,筹建上海证券物品交易所。据曾任上海证券物品交易所理事的魏伯桢回忆,"戴季陶、张静江、蒋介石等因

为经济非常拮据,共谋生财之道","在上海组织了
一个名叫'协进社'的秘密社团谋划其事,又和虞洽
卿等拉拢,成立了上海证券物品交易所"。① 正式开
张后,"棉花、棉纱和证券的生意相当兴隆,平均每
天收佣金近2 000元,交易所自身的股票价格也随
之由每股12.5元猛增至60元以上"。② 戴季陶、张
静江、蒋介石等作为该所各种证券及棉纱买卖的经
纪人,利用国民党的经费做投机生意,不仅为国民
党赚了一大笔钱,自己也赚得盆满钵满。

图4-2　张静江

戴季陶秉承孙中山的指示,资助粤军军事行
动,援闽粤军"于这年8月回师讨伐桂系时,饷糈奇
绌,亦赖戴以经营所得助之,始得开拔"。③ 因此,孙中山对戴季陶的经商头脑
感到特别的惊喜,称赞他是"货殖天才"。

当时,上海的交易所事业繁荣一时,但是从大的经济环境来看,国内商业
并不景气,交易所可谓畸形发展。由于交易所的股票价格一路狂飙,戴季陶等
人后来竟然开空头支票,公然倒空卖空,面对金融风险毫无察觉,依然抬高股
价牟取暴利。交易所的虚假泡沫终于在1921年末开始破裂。

据统计,1921年11月,上海有38家交易所歇业。到了12月份,歇业的交
易所几乎每天都有。次年2月,上海法租界工部局发布了《交易所取缔规则》,
规定了严格的管理和惩罚条例。至1922年3月,各交易所纷纷停业清理,不
少经纪人因破产而自杀。大环境不利,上海证券物品交易所已难独善其身。
2月24日,交易所在买卖本所股票时,因买方资金不足违约,证券部停止交割,

---

① 魏伯桢:《上海证券物品交易所与蒋介石》,《文史资料选辑》第49辑,中国文史出版
社,1990年4月,第149页。

② 邵雍:《上海证券物品交易所简介》,《民国档案》1991年第2期,第35页。

③ 吴相湘:《戴天仇季陶传贤三位一体》《民国百人传》第二册),(台北)传记文学出版
社,1971年,第125页。

上海证券物品交易所的股票就此沦为废纸。戴季陶从"货殖天才"一下子沦为商场败将。[①]

　　戴季陶的这段从商生涯,从经济上看,是由盛极一时转为一泻千里,无疑是失败的,然而从政治上来看,戴季陶又是成功的,特别是在交易所的这段经历,使他和蒋介石、陈果夫、张静江等日后在旧中国叱咤风云的人物紧紧捆绑在一起,在政治上互相攀缘、互为依附。1920 年,蒋介石与戴季陶在上海相遇,彼此换帖结为异姓兄弟,蒋介石为兄,戴季陶为弟。戴季陶等人认为蒋介石毕业于日本陆军士官学校,是军事人才,去广东追随孙中山比在上海炒股更有意义,就反复劝说他去粤军任职。后来,戴季陶更是不遗余力地向孙中山推荐蒋介石出任黄埔军校校长,进而把蒋介石推上了中国政治权力的最高峰。蒋介石成为全国最高领导后,戴季陶、陈果夫、张静江等人成为国民党元老,个个被委以重任,戴季陶先后被任命为国民党中央宣传部部长、国民政府考试院院长等要职,陈果夫长期担任国民党中央组织部部

图 4 - 3　陈果夫

长,负责国民党内组织及党务,与其弟有"二陈""CC 系"之称,张静江曾担任国民党中央执行委员会主席的要职。

　　对蒋介石而言,在上海证券物品交易所的经历,其重要性是不言而喻的。他在中国上海这个最活跃最繁华的城市,不仅结交了一大批政治上的盟友,而且还结识了包括虞洽卿在内的一批工商界人士,为他日后执掌全国政权奠定了基础。上海证券物品交易所开业当天,陈果夫就积极参与其中,成为 54 号经纪人,该经纪人营业所又名茂新公司,就是由蒋介石组建的,具体买卖业务则交由陈果夫操办,主要经营棉花、证券两种业务。当时上海的交易所如雨后

---

① 　毛利霞:《黄埔名师戴季陶》,东方出版社,2014 年 1 月,第 85 页。

春笋般冒了出来,1 年多时间就开了 100 多家,无不获利,于是蒋介石与张静江、戴季陶等人又合资创办了恒泰号经纪人营业所。恒泰号于 1920 年 12 月 15 日成立,共计股本 35 000 元,1 000 元一股,共 35 股,资本几乎是茂新号的 10 倍。其中张静江 5 股,全家人共 13 股;蒋介石(化名蒋伟记)4 股(由张静江代交),算是大股东了;戴季陶 2 股,陈果夫 1 股。1921 年年底,上海交易所泡沫破灭,大批交易所倒闭,蒋介石参股的也不例外,1923 年,交易所已代戴、陈、蒋等人背了 240 万元的债,直到上海证券物品交易所被合并时,还欠 60 万元,担任交易所理事长的虞洽卿只好把它当作一笔糊涂账处理掉,因为他知道欠账的这些人都是有政治背景的。1927 年,蒋介石带领北伐军占领上海,当时经济十分拮据,就跑去找原先在上海证券物品交易所的老板之一——大资本家虞洽卿帮忙,虞洽卿二话没说,向上海的银行家、实业家借了 300 万元大洋,慷慨地送给蒋介石,蒋介石对此恩情一直感激不尽。此后,蒋氏执政,虞洽卿一直是上海工商界的头面人物,长期担任上海总商会会长。蒋介石见到他,也会很客气地称呼他为"虞洽老"。

二 戴季陶与孙中山共宣马克思主义

研究苏俄 宣传马恩

孙中山很早就接触到了马克思主义,并深受影响。他在苦苦探求救国救民真理的时候,认真学习钻研西方的各种革命学说,受到马克思主义学说的影响。

1896 年孙中山在英国伦敦的时候,就听说了马克思,并开始探讨社会主义理论。根据宋庆龄的回忆,那时"他知道马克思和恩格斯,他也听到了关于列宁和俄国工人革命活动的消息。早在那个时候,社会主义就对他发生了吸引力,他敦促留学生研究《共产党宣言》和马克思的《资本论》并阅读了当时的社会主义书刊",从那个时候开始,孙中山就有了社会主义思想的萌芽。1903

年,孙中山在东京的时候,曾和日本《共产党宣言》的翻译者幸德秋水认真地探讨过社会主义的问题。1905年,孙中山旅欧期间,他以社会主义追随者的身份,造访了比利时布鲁塞尔的第二国际(即"社会主义国际")书记处。1889年7月14日,在巴黎召开了国际社会主义者代表大会,来自22个国家的社会主义政党393名代表参加,李卜克内西、倍倍尔、拉法格等人组成大会主席团,主要讨论国际劳工立法和工人阶级的政治、经济斗争任务,通过了关于每年庆祝五一劳动节等问题的决议。这次大会标志着第二国际的建立,此时,由于欧美各国正处于建立民族国家的时期,独立的无产阶级政党开展以合法斗争为主的争取权利活动。孙中山到第二国际书记处拜会了执行主席王德威尔德和书记胡斯曼等人,要求把兴中会接纳为第二国际成员。他解释了他所认为的中国社会主义者的目标,认为中国社会主义者要采用西方的机器式生产方式,将来建立一个没有任何过渡的新社会,吸收传统文明的精华,摒弃旧社会的糟粕,由中世纪的生产方式直接过渡到社会主义社会,工人不需要经历被资本家剥削的痛苦,他希望中国成为世界上第一个社会主义国家。当时比利时的报纸《前进报》《人民报》《社会主义者》都刊登了孙中山访问社会党国际局也就是第二国际的消息。但是第二国际没有接受孙中山的请求,孙中山也最终选择了三民主义。①

　　1905年8月,孙中山在东京组织同盟会,把兴中会、华兴会、光复会等组织统一为同盟会,孙中山在同盟会积极宣传马克思的社会主义学说。同年10月,在《民报》创刊词中,孙中山首次宣传了"民族""民权""民生"的三民主义思想,认为民生主义就是社会主义,积极推动社会主义学说在中国的传播。孙中山认为欧美资本主义的弊端,在于早年改良政治的时候不注重社会事业,导致各种社会弊病泛滥成灾,而社会主义是治疗欧美弊病的良药。因此,他希望中国能够直接跨过资本主义,进入社会主义。同盟会会员、革命党人朱执信后来在《民报》上撰文,说社会主义这个词是在日本翻译的,按照中国的翻译方法,

---

①　王列平:《二十世纪初共产党宣言在中国的传播》,《文史精华》2007年第6期。

本来应该翻译为民生主义。孙中山本人也说,民生主义就是社会主义。在孙中山的领导下,朱执信等人积极宣传马克思主义学说。1906年初,朱执信在《民报》第二号、第三号上发表了《德意志社会革命家小传》,比较系统地介绍了马克思的生平、学说,并详细介绍了马克思、恩格斯为创立科学社会主义而从事的一系列革命活动。此外,在这篇文章中,他还对《共产党宣言》进行了评述。1906年6月出版的《民报》第五号上,宋教仁译著了《万国社会党大会略史》,第一次向国民介绍了国际共产主义运动发展史,并摘译了《共产党宣言》的结束语,在文中说:"盖平民所决者,惟铁锁耳,而所得者,则全世界也。""万国劳动者,其团结!"十月革命胜利后,孙中山看到科学社会主义在苏联取得巨大的胜利,这对他触动很大,他认为苏联之所以取得革命的成功就是因为马克思主义的指导,他表示要向苏联学习,中国革命党人要能"明白主义、信仰主义,能够为了主义去牺

图4-4 朱执信像

牲"。因此,他指派戴季陶、朱执信等人创办了《星期评论》《建设》等杂志。①在五四运动期间,戴季陶作为孙中山的追随者和忠实信徒,以《星期评论》为宣传阵地,积极传播马克思主义学说。

在日本求学期间,戴季陶也已经接触到了社会主义的思想。五四运动时期,戴季陶对于苏俄和马克思主义的认识有很大的波动。俄国十月革命的胜利,对当时的中国产生了巨大的影响,中国革命的屡屡失败,使中国革命者痛定思痛,认真研究和学习俄国革命取得胜利的经验教训。在这种时代大潮中,戴季陶也不得不认真研究苏俄和马克思主义。同年9月,戴季陶在一篇文章中承认马克思是一个近代经济学大师,社会主义的时代精神是普遍照耀全世

---

① 石柏林:《孙中山与马克思主义》,《湘潭大学社会科学学报》1984年第1期。

界。但是他此时不赞成中国革命实践和马克思主义相结合。1919年上半年，在巴黎和会上，以美国为首的西方列强否决了关于中国山东问题的提案，彻底粉碎了戴季陶希望这个西方资本主义国家能够主持正义的幻想。恰在此时，苏俄政府发布了废除沙俄对中国的一切不平等条约等振奋人心的消息。这使得戴季陶在对美国为首的资本主义社会失望之余，重新改变了对苏俄和马克思主义的看法。这段时期，他顺应潮流地翻译了很多马克思主义著作，大量地宣传和介绍了马克思主义。作为资产阶级革命家，戴季陶是有其历史局限性的，他对社会主义所持的矛盾和怀疑态度表明了他的立场，但他还是为宣传马克思主义做出了一定的贡献。

"孙中山和戴季陶等国民党人也十分注重工人运动，五四运动前，革命党人在上海已经组织起中华工业协会和中华工党两个团体，五四后与中华民国学生联合会同时成立的中华工业总会，亦明显是由国民党人士组织和领导的。"①"戴季陶经常陪同孙中山参加一些工人组织的重要会议，并且根据孙中山的指示，和其他国民党人一起进行组织联系工作。"②在此期间，戴季陶对社会主义、马克思主义进行了更加深入的研究，和陈独秀、李大钊等人频繁交流对马克思主义的看法。中共创始人之一的陈独秀曾经说，"信仰马克思主义，最初也许是受李大钊、戴季陶等朋辈的影响"，他说，"戴季陶对马克思主义信仰甚笃，而且有过相当的研究"。③瞿秋白也认为戴季陶是中国第一批马克思主义者。戴季陶翻译了很多马克思的政治经济学说，比如德国的马克思主义理论者考茨基的《马克思的经济学说》《商品生产的性质》和李卜克内西的《马克思传》等，同时他在《星期评论》《建设》《新青年》等传播马克思主义的重要刊物上，发表了大量的马克思主义政治经济学说方面的文章，他在这些文章中，对于马克思主义政治经济学中关于资本主义的本质、剩余价值、资本集中等理论，做了深刻的解释。他对劳工问题有着十分深刻的见解，据统计，戴季陶在

①　黎洁华、虞苇：《戴季陶传》，广东人民出版社，2003年6月第一版，第110页。
②　黎洁华、虞苇：《戴季陶传》，广东人民出版社，2003年6月第一版，第110页。
③　韦杰廷：《四一二反革命政变前的戴季陶》，《长沙水电师院学报》1988年第2期。

五四运动时期,关于劳工问题先后在《星期评论》《建设》《民国日报》等刊物上发表了 10 多篇文章,成为中国早期研究劳工问题的最有影响的学者之一。例如,在《中国劳动问题的现状——上海的劳动条件如何》一文中,他从上海的纺织工业着手,通过分析上海三新纱厂、恒丰纱厂、老公茂纺织公司、东方纺织公司等企业的情况,首先把工人的工作时间、工作年龄、男女性别比例、工资和工作量等列了出来。他说:"几个纺织公司,除了老公茂一家只分 2.5% 而外,最少的股份利益分配是鸿源的 16%,最多的是怡和的 40%。一天拿了一角至三角的工银,嘿嘿的做十二点钟工,这种好劳动力的卖主哪里去找? 有了这种好的劳动力卖主,方才可制造许多剩余价值来,使他们分到 40% 的红利。"接着,他分析了这些公司无限膨胀的利益从哪里来,"不外下列几项:一、销路增加;二、货价增加;三、工人能率增加;四、工银不增加,即加也极微;五、工作时间无变动;六、机器运转时间的增加""货价、销路增加而工银不增加,一般的生产费比例缩小而工作时间不缩小",从而揭示了资本主义剥削的本质,那就是通过延长工人的劳动时间来获取巨额的剩余价值。[①] 当然,他对劳工问题的研究还是有其历史局限性的,因为虽然他深刻揭示了资本主义剥削的本质,但他仍然鼓吹劳工用和平方式解决问题,走改良主义的道路,反对劳工运动采取暴力革命的手段。他说,"任何极端行为,都是要制止和排斥的",还反对社会主义与劳工运动相结合。他鼓吹所谓的"阶级互让"来避免过激的劳工问题。

五四时期,戴季陶积极传播马克思主义,是在五四运动和十月革命胜利的大时代背景下进行的,也是与孙中山分不开的。以孙中山为首的资产阶级革命家,随着巴黎和会中国外交问题的失败,逐渐放弃了对西方资本主义列强的幻想,转而学习苏俄社会主义革命的经验。在孙中山的领导下,戴季陶作为孙中山的秘书,对马克思主义进行深入的研究,并做了大量的宣传,对孙中山形成完整的理论体系也产生重大影响,他对苏俄政策、社会主义、马克思主义的

---

① 戴季陶:《中国劳动问题的现状——上海的劳动条件如何》,《星期评论》第三十五号,1920 年 2 月 1 日。

宣传,对孙中山思想的升华立下汗马功劳。戴季陶的这些文章,特别是关于劳工问题、资产阶级剥削的本质的一些观点,使孙中山进一步认识到资本主义制度不尽完美,认识到中国劳工力量的逐渐壮大,从而促进孙中山积极向社会主义靠拢,寻求与苏联的合作和帮助,为后来孙中山实际确立了联俄、联共、扶助农工政策的新三民主义思想提供了理论支撑,也为日后孙中山和中国共产党合作,创建黄埔军校打下思想理论基础。

筹建中共 擦肩而过

在孙中山的支持下,戴季陶曾积极参与中国共产党的筹建工作。瞿秋白这样说道:"五四运动之际,《新青年》及《星期评论》等杂志,风起云涌地介绍马克思的理论。我们的前辈:陈独秀同志,甚至于李汉俊先生、戴季陶先生、胡汉民先生及朱执信先生,都是中国第一批的马克思主义者。"[①]从瞿秋白的论述中,我们可以看到,国民党骨干中,除了戴季陶,还有胡汉民、朱执信,都一起在孙中山的委派和支持下,成为中国最早的马克思主义者。五四时期,戴季陶与陈独秀、李汉俊、沈玄庐等人都在上海,大家一起相互交流、学习社会主义,关系很好。尤其是与陈独秀,当时,李汉俊经常到陈独秀家去,他把戴季陶介绍给了陈独秀,陈戴二人都是新文化运动的主力干将,早就听说对方的大名,一见面就惺惺相惜、相逢恨晚。由于当时法租界对革命党防范很严,地痞流氓又不时来骚扰,戴季陶还把自己租住的楼房渔阳里6号让出来给陈独秀一家住,于是这里就成了《新青年》编辑部的所在地和中国共产党早期成员的活动场所之一。陈独秀和戴季陶两个人朝夕相处,经常交流思想,关系简直亲如兄弟。戴季陶和《星期评论》社的成员经常与陈独秀等人参加上海共产党早期组织的早期活动,研究马克思主义和社会主义问题,正如《血路》一书中所说:"除了有《星期评论》作为共产党早期组织的坚实基础外,上述七人(沈定一、戴季陶、陈

① 瞿秋白:《瞿秋白论文集自序》,《中国近代哲学史资料选编》(第四卷),上海社会科学院出版社,1989年,第45页。

望道、施存统、俞秀松、李汉俊、陈独秀)中有五人——沈、戴、施、俞、陈是浙江同乡。"①

当时的中国,还没有中国共产党的组织。但是,在北京、上海等地已经有了共产党早期组织的萌芽,1920年年初,陈独秀和李大钊分别在上海和北京筹建了马克思主义小组。同年5月,陈独秀在上海成立了马克思主义研究会,名为研究马克思主义,实际上是暗中为成立共产党早期组织做准备。1920年,共产国际为了帮助中国建立共产党组织,专门派维经斯基来中国,陈独秀把他介绍给戴季陶,他们和陈望道等人一起参加筹建中国共产党。"经陈独秀介绍,当时任《星期评论》主编的戴季陶与沈玄庐、李汉俊和《时事新报》的负责人张东荪等人,作为宣传研究马克思社会主义的积极分子,也会见了维经斯基这位最初来中国的共产国际代表。"②通过频繁地交流和联系,维经斯基关于建立中国共产党的工作得到了戴季陶的大力支持,维经斯基经常在戴季陶家里召开座谈会,商量建党事宜。中国社会主义青年团在上海成立的时候,戴季陶的住址也就是团址,对外挂"外国语学校",团务由袁振英、施存统等人主持,总务由杨明斋负责,它实际上是准共产党小组,因此戴季陶的家也是共产党小组的所在地。"即以戴季陶住渔阳里六号为团址,并办一外国语学校以避耳目","会集于外国语学社,遂成中国社会主义者之大集团,共产党干部亦渐因此酝酿以成"。③维经斯基在和陈独秀、戴季陶等人深入交流后,产生了这样的设想:"把《新青年》《星期评论》《时事新报》结合起来,乘五四运动的高潮建立一个革命同盟,并由这几个刊物的主持人物联合起来,发起成立中国共产党或是中国社会党。"④在孙中山的支持和许可下,戴季陶多次参加座谈会,并积极参加了中国共产党的筹建工作。1930年2月,李立三在一次党史报告中说,

① 周武彪译,萧邦奇:《血路——革命中国中的沈定一(玄庐)传奇》,江苏人民出版社,1999年,第47页。
② 范小芳、包东波、李娟丽:《戴季陶传》,团结出版社,2007年1月,第87页。
③ 中国革命博物馆党史研究室:《党史研究资料》,1981年第6、7期合刊。
④ 黎洁华、虞苇:《戴季陶传》,广东人民出版社,2003年,第129页。

"中国党的发生是由六个人发起,陈独秀、戴季陶、沈玄卢(庐)……"①由于戴季陶在马克思理论研究方面的精深造诣,陈独秀将起草党章的工作交给了他。

1920 年 8 月,上海共产党早期组织正式成立,马克思主义研究会的成员纷纷加入。出乎所有人意料的是,中国共产党党纲的最初草案虽然是由戴季陶起草完成的,但他却并没有出席正式成立党组织的会议,这使与会代表们十分惊讶,因为"凭着戴季陶对马克思主义深入研究,谁缺席也不可能是他"。中国共产党党章和中国国民党党章都有明文规定,禁止本党党员加入其他党派。中国共产党党章明确规定,共产党员不得加入资产阶级的政治团体,孙中山修订的中国国民党《规约》里也明确规定:"党员不得兼入他党,并不得自行脱党。"戴季陶在负责起草《中国共产党党纲》的时候,大家一边讨论一边修改,其中一条"共产党员不做资产阶级政府的官吏,不加入资产阶级的政治团体"让戴季陶认为,共产党与他心中所想的完全不是一回事,共产党也不准备与政府合作,而是会走一条武装夺取革命的道路,而不是改良主义的温和道路。周佛海说:"戴季陶也是一个,不过他说孙先生在世一日,他不能加入别党,所以中国共产党党纲的最初草案,虽然是他起草的,他却没有加入。"②陈公博说:"季陶和中甫约定共同发起共产党,到成立之前一日,季陶来了一封信,说他和国民党关系太深的确不宜参加共产党的组织,不过他是同情共产党的,他正在筹办交易所,打算以交易所的盈余,来帮忙共产党的党费。"③在这种难以选择的情况下,据曾在《星期评论》工作的杨之华回忆,戴季陶痛哭流涕,"一方面是为是否参加共产党的事左右为难,内心矛盾至极,同时为自己的言行不一而感到羞愧;另一方面是受不住大家的批评"。④ 归根结底来说,戴季陶虽然对马克思主义学说做了深入的研究并做了大量的宣传,但并没有从根本上信仰马克思主义,作为资产阶级革命家,他对社会主义理论始终保持着一定的距离,他

---

① 中国社会科学院现代史研究室:《"一大"前后》(三),人民出版社,1980 年,第 90 页。

② 周佛海:《往矣集》,(香港)大道出版社,2009 年 10 月。

③ 沈云龙:《中国共产党之来源》,(台北)文海出版社,1971 年,第 6 页。

④ 中国社会科学院现代史研究室:《"一大"前后》(二),人民出版社,1980 年,第 26 页。

还是认为三民主义是中国革命的正确途径,并为此做出自己的抉择。他最终没有选择中国共产党和马克思主义,也为日后他成为反共先锋埋下了伏笔。

三 孙中山的五权宪法与戴季陶的考试思想

创新理论　五权分立

五权宪法是孙中山关于国家政权架构和权力资源配置的重要政治学说,五权宪法最核心的思想是政权、治权分立,政权属于国家最高权力机构国民大会,而治权由立法权、行政权、司法权、监察权、考试权五权构成,各自独立运作并互相合作。它的基础是孙中山的"权能区分"学说,也就是"人民有权,政府有能",该学说希望能彻底根除西方"议会独裁,政府无能"的流弊,让政权归于人民,学说认为中国国情不便全面行使直接民权,必须由国民大会代表人民行使政权,国民大会可以选举并且罢免总统,对监察与考试两院院长行使同意权,还有修宪权,而政府只能行使"治权",设置总统作为元首,也必须由国民大会选出。

抱着富民强国的信念,孙中山刻苦钻研西方宪政制度,早在19世纪末,就对五权宪法有了酝酿。1906年11月,在同俄国社会革命党领袖鲁学尼的谈话中,孙中山初步谈到了要建立"除立法、司法、行政三权之外还有考选权和纠察权的五权分立的共和政治"的设想。同年12月2日,在东京《民报》创刊周年的庆祝大会上,他对五权宪法做了进一步阐释,认为"历观各国的宪法,有文宪法是美国最好,无文宪法是英国最好",虽然美国宪法和英国宪法举世公认,但是随着资本主义社会各种弊端的出现,已经不能再适应新的形势要求了,为了避免西方政治的弊端,孙中山结合中国历史和现实的实践,提出"五权宪法",并正式见于文字。

1921年3月20日,在广东省教育会的演讲中,孙中山专题演讲了"五权宪法"。他在演讲中说,"五权宪法是兄弟所创造,古今中外各国从来没有的",

"所谓宪法者,就是将政权分几部分,各司其事。各国宪法只分三权,没有五权"。孙中山认为,美国独立革命摆脱英国殖民地之后所创造的三权宪法,虽然被其他西方国家仿效,并被认为是世界上最好的宪法,但是不完备的地方很多,"而且枝(流)弊亦不少"。美国宪法的一大弊端,就是限制人民选举的条件,比如说要有若干财产才有选举权,没有财产的就没有选举权,这种限制选举的方法有违现代平等自由的思想,最好的方法是限制被选举人,"当议员或作官吏底人,必定要有才有德,或有什么能干,若是没有才没有德,又没有什么能干,单靠有钱是不行的,譬如有这种才德、能干资格底人只有五十人,即对于这种资格底人来选举,然则取得这种资格底人如何来定呢?我们中国有个古法,那个古法就是考试"。① 孙中山说中国古时候用人,就是通过考试的方法来选拔搜罗天下人才,谁是通过考试选拔出来的人才,就让谁去当官。因此,孙中山在三权的基础上,加上了一个考试权用以选拔官员。中国古代还建立了一套完整的监察体系,从秦代设御史大夫开始就有了监察制度,经过长期的发展,这一制度日趋健全和完备,从中央到地方都有专门的监察部门,虽然名称有所变化,职责大致一样,有利于一个廉洁高效的政府建设。孙中山说:"说到弹劾权,在中国君主时代,有专管弹劾的官,像唐朝谏议大夫和清朝御史之类","中国从前的考试权和弹劾权都是很好的制度,宪法里头是决不可少的"。于是他效法古人,在立法、行政、司法、考试之外又加上了一个监察权。

孙中山认为要从分析中国几千年来的历史政治入手,来解释中国为什么要实行五权宪法的问题。他认为,政治有两种力量,一个是自由的力量,一个是维持秩序的力量。"政治中有这两个力量,好比物理学里头有离心力和向心力一样。"孙中山认为,中国的政治,是从自由逐渐变得越来越专制,而西方的政治,是从专制走向自由。在这里,他说"中国的皇帝只要保守自己的皇位,只要人民完粮纳税不侵犯皇位,无论人民做什么事,都不去理会,人民只要纳粮

---

① 中国社会科学院近代史研究所中华民国史研究室、中山大学历史系孙中山研究室、广东省社会科学历史研究室合编:《孙中山全集》第五卷,中华书局,1983 年 7 月,第 488 页。

便算了事,不管谁来做皇帝,也都是可以的。"孙中山认为,政治里有两种人,一种是治人的,一种是被人治的,治人者有知识,被治的人没有知识,从前的人由于没有知识,所以被人治,现在要把治人和治于人的两个阶级彻底打破,五权宪法就是打破这个阶级实行民治的根本办法。他说,"宪法的作用犹如一部机器",就是调和自由和统治的机器,他认为美国总统林肯说的"民有、民治、民享"和他说的"民族、民权、民生"是一样的。孙中山说,现在讲民治就是要把人民放在机器上,使他们能够驰骋翱翔随心所欲,如果说宪法是机器,五权宪法就是让人民驰骋翱翔的摩托车、飞机和潜艇。

五权宪法是指,立法、行政、司法、考试、弹劾五权各自独立。这里,孙中山特别重视考试权,认为国家用对人才能治理好国家,所以用什么样的人十分重要。有了健全的考试制度,就可以选好人用好人。他还举了一个例子,说自己前几天家里要找一个厨子,就去饭店请他们帮忙找一个,因为饭店是专门的厨子学堂。他进而说,找厨子这么小的一个事情,都要到专门的地方找,更何况是治理国家的事,更加需要专业的人才。如果没有考试制度,就没办法选拔这样的人才。

除了五权宪法之外,孙中山认为,"最要的就是县治,行使直接民权。直接民权才是真正的民权"。他说,所谓的直接民权有四种,分别是选举权、罢官权、创制权和复决权,国民代表每县一人。人民有了直接民权的选举权,还要有罢官权,官员由人民来选,也由人民来罢免,这样才能体现人民的权力。所谓的创制权,就是人民想要做一种事业,可以创制一种新的法律,由大家共同讨论通过,这样法律的制定就可以适应时代的需要。所谓的复决权,就是立法院的任何一个法律,要是人民觉得不好,就可以通过讨论来废除它,立法院有好的法律通不过的,人民也可以通过讨论来通过它。"因为这个法律仍是立法院所立的,不过人民加以复决,使它得以通过。"①

孙中山提出的"五权宪法",是孙中山继三民主义之后又一重要理论学说,

---

① 《孙中山全集》第五卷,中华书局,1983 年 7 月,第 497 页。

"五权宪法"初步构建了旧中国资产阶级政府的基本政治制度和组织架构,是孙中山法律思想的重要组成部分。孙中山无疑是中国宪政思想的先驱,在当时是一种历史的进步。

孙中山向国会提出,应由国会制定五权宪法,"作为治国的根本法"。① "他需要找一个既懂法律又是他最信任的同志来起草这个治国的根本法,他选中了戴季陶,把起草广东革命政府的宪法草案及各法律文件这个重大任物委托给了他。于是,戴季陶又开始了关于法律的研究。"②戴季陶通过寻找欧美各国的宪法法律资料进行研究,根据孙中山先生的五权宪法思想,撰写几万字的宪法草案。他曾在给蒋介石的信中说:"弟此次回沪以来,曾为粤省拟成数万言之法律案,今尚有数案在起草研究中,学究能事,本仅有此,虽日偷安,尚足自恕耳。"③这些草案为日后南京国民政府的宪法法律制度的建立奠定了基础。

1928年8月11日,中国国民党二届五中全会通过《训政时期颁布约法案》,开始所谓的训政,宣布"训政时期,应遵照总理遗教,颁布约法",决定"训政时期之立法、行政、司法、考试、监察五院,应逐渐实施"。"五权宪法"理念在制度上体现在1928年10月颁布的《中华民国国民政府组织法》中,该法共7章48条,首次规定国民政府由行政院、立法院、司法院、考试院、监察院五院组成,从而以政府组成架构直接体现了"五权宪法"。该法开宗明义就宣布:"中国国民党本革命之三民主义、五权宪法,建设中华民国,既用兵力扫除障碍,由军政时期入于训政时期,允宜建立五权之规模,训练人民行使政权之能力,以期促进宪政,奉政权于国民。兹谨本历史上所授予本党指导监督政府之职责,制定国民政府组织法。"

1929年3月,在一片反对声中,蒋介石一手包办的国民党"三大"召开,戴季陶担任大会秘书长,他提出了《根据总理教义编制过去一切党之法令规章以

---

① 孙中山:《孙大总统五权宪法讲演录》,广东官印刷局,1921年,第23页。

② 范小芳、包东波、李娟丽:《戴季陶传》,团结出版社,2007年1月,第75页。

③ 陈天锡编:《戴季陶先生文存》,(台北)中国国民党中央委员会,1959年,第1481页。

成一贯系统,确定总理主要遗教为训政时期中华民国最高根本法案》的提案,获得大会通过。他在这个提案中明确提出:"中国国民党中央执行委员,应根据总理教义,编制过去党之一切法令规章以成一贯系统,毋令反动思想再存留与本党法令规章内,以立共信共守之典笈,而巩固全党之团结。""确定总理所著三民主义、五权宪法、建国方略、建国大纲及地方自治开始实行法,为训政时期中华民国之根本法,举凡国家建设之规模,人权民权之根本原则与分际,政府权力与组织之纲要,及行使政权治权之方法,皆须以总理遗教为依归。"[①]戴季陶的这个提案,高举孙中山遗教,强调以五权宪法治国的根本方针,被"三大"代表接受,"五权宪法"思想遂成为南京国民政府的基本政治组织原则,产生了深远的影响。

国民党"三大"后,胡汉民作为立法院长,"对立法工作颇费了一番心血,他决定邀请戴季陶和王宠惠为立法院顾问,共同参与中华民国的立法工作"。[②]戴季陶此后一直是立法院的顾问,对中华民国后来几乎所有的宪法法律的制定和创立,都发挥了重要的作用。

图4-5　1929年《华北画刊》报道戴季陶的踪迹

---

① 中国国民党中央执行委员会宣传部:《中国国民党第三次全国代表大会宣言及决议案宣传大纲》,中国国民党中央执行委员会宣传部印,1929年6月,第106页。
② 谢振民:《中华民国立法史》,南京正中书局,1937年1月,第265页。

1936 年 5 月 5 日颁行了"中华民国宪法草案",又称"五五宪草",由国民党宪法起草委员会制定,它基本上反映孙中山的"五权宪法"思想,是"五权宪法"的正式草稿,它以"权能分离"作为理论基础,将"五权分立"具体化为行政、立法、司法、监察、考试五院政府,同时,明确规定县一级行选举、复决、罢官、创制等直接民权,由每县选国民代表一人,组成国民大会,国民大会代表全国人民行使政权,并授权政府行使治权。1946 年 12 月 25 日,国民大会通过所谓的《中华民国宪法》,1947 年 1 月 1 日由国民政府公布,同年 12 月 25 日施行,全文共 175 条条文,计分 14 章,规定了五权分立的中央政府体制及地方自治制度,明示中央与地方权限划分采取均权制度。在该宪法第五到第九章中,提出了五院(行政、立法、司法、监察、考试)设置,依据孙中山的构想,五院都是政府机关而不是议会,因此包括立法院在内的机构均为治权机构。其实,该宪法较大幅度地修改了孙中山的构想,宪法提出立法院和监察院由人民直选或省议会选举,行政院对立法院负责,而考试和司法人员的任命要由监察院同意。此外,总统和五院之间相互制衡以防止权力滥用。

"五权宪法"思想无疑有其时代的局限性,但是在当时推动了近代中国政治现代化、民主化的进程,有其一定的进步意义。

传承拓展 考铨建制

戴季陶作为孙中山的秘书和忠实信徒,对孙中山的"五权宪法"理论自然是十分地信仰。他对孙中山脱胎于三权分立的"五权",特别是汲取自中国传统文化的考试权十分感兴趣,对此做了进一步研究,提出一套完整的考试思想,并于 1928 年 10 月担任考试院院长后付诸实践,长达 20 年之久。在执掌考试院的 20 年里,戴季陶按照孙中山的"五权宪法"思想来经营考试院,他在充分吸收西方资本主义国家经验的基础上,从中国古代考试制度着手,建立了较为完整的考铨制度。

1924 年 4 月,戴季陶被任命为南方政府法制委员会委员长,8 月,大元帅公布的《考试院组织条例》《考试条例》《考试条例实施细则》都是由戴季陶领导

图4-6 戴季陶任考试院院长时发的证书

的法制委员会制定的。戴季陶在国民党三届二中全会上,提出了"治权行使之规律案",说"国民政府五院及所属机关,现已渐次成立,国家大政各有专司,亟应认明权限,克尽厥职。以立法制基础,而免治丝益棼"。提案按照孙中山五权宪法的精神,对于五种治权都有专门的论述,在考试权中,他说"在考试院成立以后,一切公务人员的考试权,皆属于考试院。其不经考试院或不遵守考试院特定办法而行使考试权者,以越权论"。

孙中山的公职候选人考试思想是其考试思想的核心部分,成为南京国民政府文官考试制度的理论依据。孙中山曾说:"教养有道,则天无枉生之材;鼓励以方,则野无抑郁之士;任使得法,则朝无倖进之徒。"公职人候选考试制度是连接五权宪法的一条纽带,因此,在这一点上,戴季陶不遗余力地加以拓展深化,建立了一套较为完备的考试制度。孙中山认为:"考试制和纠察制本是我中国固有的两大优良制度,但考选制度被恶劣政府滥用,纠察制度又被长期埋没不为所用,这是极可痛惜的,我期望在我们的共和政治中复活这些优良制度,分立五权,创立各国至今所未有的政治学说,创建破天荒的政体,以使各机关能充分发挥他们的效能。"①1928年9月,戴季陶当选为审查及起草五院组织法草案的成员,与张静江等人向国民党中央政府提出了《中华民国国民政府组织法草案》,传承和拓展了孙中山的"五权宪法"思想,为实现孙中山的五院

---

① 孙中山:《与该鲁学尼等的谈话》,《孙中山全集》第一卷,中华书局,1981年,第320页。

制提供了实施的蓝本。戴季陶认为,世界政治组织可以分为东方和西方两个不同的系统,从历史传统上看东方更偏重于人治,而西方更偏重于法治,因此东方政治体系更注重通过考试来选拔人才。"因为中国历朝注重以人治国,对于用人特别注意,所以考试权与监察权,得以与行政权并立为三,因为外国以法治国,对于法令规章的规定特别严密,所以外国的立法权与司法权得以和行政权并立为三。"他又认为,东西方的两种政治模式,尺有所短寸有所长,而孙中山的五权分立思想,做到了取长补短,融合了东西方的优点:"相互为用,熔东西于一炉,结果就主张采用五权政治,这五权政治,是合并两种不完备的三权政治而成功的,也可以说五权政治,是东西政治系统上,自古以来,没有这样完备,没有这样精善的政治制度。"①戴季陶特别重视孙中山提出的公职候选人考试思想:"我们更要知道总理特别注重的一种考试,就是公职候选人的考试。真正的五权宪法,要通过这种考试制度才能实现。"他说:"在五权宪法的精神上来说,必须要用考试的基础,否则不能得被选举权,三民主义,民族民权民生,民族民生是目的,民权是方法。""要实现民权主义,就必须建立考试制度。"由此我们可以看到,戴季陶认为考试权在立法、行政、司法、考试、监察五权中处于最重要的地位,只有建立完备的考试制度,才能弥补西方选举制度的不足,真正保障民权,从而实现真正意义上的民主。这也成为他此后数十年,一直致力于民国考铨制度的建立和完善的主要原因。在这一点上,我们也可以看出,戴季陶对孙中山的"五权宪法"理论可以说是非常的推崇和认同,他为了实现孙中山的五权分立政治理念而在实践中身体力行,在考铨制度的建立中更是做到了事必躬亲。

戴季陶担任考试院院长期间,一直致力于考铨制度的建设,希望以完善的考试制度来真正实现民权。他先后土持制定了《考试院组织法》《考试院铨叙部组织法》等一系列法规。考铨"为公务人员的任用、考绩、升迁、保障、褒奖、

---

① 杨学为:《中国考试史文献集成》,高等教育出版社,2003 年,第 514 页。

抚恤、退休、养老等事项之总称"。① 在 1947 年《考铨法规集》的分类中,有官制 5 种、官规 3 种、考选 71 种、铨叙 71 种,可谓相当完备,不仅继承了孙中山的考试思想,而且进行了大力的拓展和深化。"有人统计,从 1931 年到 1949 年的 18 年中,通过举办各类考试,12.7 万余名知识分子取得公务员资格,如再把历年特种考试及格者加进去,总人数可达 20 万以上。"②

虽然考铨制度本身比较完善而且在当时也有其先进性,但从考铨制度的实际推行情况来看,却并不理想。戴季陶本人在选拔人才时,为了确保制度的执行,确实做到了不唯亲只唯才,他自己拒绝为亲属后辈走后门开绿灯,从而给别人树立了榜样。为了防止有人才遗漏的情况,他还专门开设了特殊考试,却没想到成为很多高官权贵安插私人的捷径。美国人包德华曾说:"考试院虽有严密的组织和众多人员,但却是一个政治上无能为力的机构,无法执行许多预定的任务。戴季陶任职二十多年,经考选录用的人数很少,而大多数高级官吏都是通过个人影响和家庭关系任命的。"③很多地方都明确表示反对,甚至有人还从学理上予以质疑,以至于戴季陶曾愤愤地对人说,要使考铨制度得以顺利施行,就要先拿省主席和部长开刀。他多次提出辞职,以给蒋介石施压,希望蒋介石能够约束其他官员徇私舞弊的行为,真正地推行考试制度,但是事与愿违,到了 1947 年,公职人员考试制度被明令废止。戴季陶对此非常愤慨,说"中华民国宪法已经失去了孙中山建国大纲的精神,尤其是公职人员候选人考试,是五权宪法最为重要的部分,却不能与公务员考试、专门职业及技术人员考试同列于宪法之上,孙中山此项在政治上的创获,由本人而失坠,何以对孙在天之灵"。④ 由此也可见,戴季陶认为,公职候选人考试是五权宪法的精髓所在。

戴季陶虽然鼓吹五权宪法,但另一方面,在实际政治生活中,却唯蒋介石

---

① 李飞鹏:《考铨法规概要》,(台北)五南图书出版公司,1985 年 1 月,第 1 页。
② 徐矛:《中华民国政治制度史》,上海人民出版社,1992 年,第 273 页。
③ 包德华:《民国名人传记辞典》第 10 分册,中华书局,1981 年,第 38 页。
④ 陈天锡:《迟庄回忆录》第四编,(台北)文海出版社,1974 年,第 169 页。

马首是瞻,其至不惜践踏宪法。南京国民政府成立后,国民党元老、立法院院长胡汉民主张用"五权分立"的内阁制建立资产阶级的民主共和国,他希望通过召开国民会议和以代表选举法来选举大总统。蒋介石派陈果夫等人暗中调查拉拢代表,结果发现一旦选举大总统,文人出身的胡汉民将胜出。这无疑严重地威胁到蒋介石军事独裁的权威,胡蒋矛盾日益激化。蒋介石派吴稚晖劝胡汉民退出选举,被胡汉民骂走。蒋介石紧急召集亲信商量对策,戴季陶出主意说:"把他关起来吧。"蒋介石问:"胡汉民是立法院院长,国府主席可有这个权力吗?"戴季陶说:"唐生智、李济深、冯玉祥、阎锡山这些军事巨头已先后垮台,李宗仁局促广西一隅,不足为患,此外还有什么人敢出头?"蒋介石又说:"好是好,但要有个名堂。"戴季陶说:"这很容易,随便列举几条罪名就行了,由果夫立夫去办吧。"①于是 1931 年 2 月 28 日,发生了胡汉民被软禁事件。当时,胡按约赴宴,却一到总司令部就被扣押,在场人员面面相觑,戴季陶说:"让展堂休息一段时间也好。"②在戴的"妙计"下,胡汉民被软禁在汤山数日,后来他被迫提出辞职,蒋介石大喜,"誉胡负责,具政治家风度"③。为维护蒋介石的独裁统治,国民政府的立法院院长被随意逮捕,法律权威被肆意践踏,由此可见当时的五权宪法,只不过是一件伪装民主的外衣。胡适曾在 40 年代对人说:"戴传贤已不是革命者,而是一个政客。"④

---

① 李洁之:《胡汉民被囚汤山侧闻》,文史资料研究委员会编.《广东文史资料》第 8 辑, 1963 年,第 51 - 52 页。

② 卞稚珊:《我所知道的胡汉民被囚汤山的经过》,文史资料研究委员会编:《广东文史资料》第 48 辑,1963 年,第 4 页。

③ 杨恺龄:《民国吴稚晖先生敬恒年谱》,(台北)商务印书馆,1981 年 4 月,第 79 页。

④ 黄贻谋:《戴季陶二三事》,《文史资料选辑》总第 119 期,中国文史出版社,1989 年,第 111 - 112 页。

第 五 章
建立军校　相伴北上

　　辛亥革命以后,孙中山先后经历了"二次革命"、两次护法战争等多次的失败,他痛定思痛,认真总结中国革命的经验教训,决心学习俄国十月革命的经验,最终选择和接受了中国共产党和苏俄的帮助,改组国民党,确立了联俄、联共、扶助农工的三大政策,推行"新三民主义"。1923 年 1 月,孙中山与苏联代表越飞发表《孙文越飞宣言》,奠定联俄政策的基础。随后不久,孙中山从上海回到广州重建陆海军大本营,并担任大元帅,同时加紧改组中国国民党。1924 年 1 月,在广州召开了中国国民党第一次全国代表大会,通过党纲、党章,开始推行"新三民主义",并创办了黄埔军官学校。这段时期,特别是国民党"一大"召开以及创办黄埔军校期间,戴季陶反对孙中山的联俄联共政策,态度十分暧昧。在他的大力推荐下,他的把兄弟蒋介石担任了黄埔军校校长,他本人虽然被委任黄埔军校政治部主任,却很快便不告而去。不久,北京政变发生,戴季陶作为孙中山的追随者,又义无反顾地跟随孙中山前往日本绕道北上,孙中山健康情况恶化时,戴季陶抵达北京,最终陪伴孙中山先生走完了他人生的最后一程,并见证了他的遗嘱。

一　国民党"一大"前后的戴季陶

反对联俄　坚决反共

　　十月革命胜利后,孙中山的思想观念发生了较大的变化,他决心向苏俄靠拢,认真学习苏俄社会主义革命胜利的经验,并决定改组中国国民党,从 1922

年开始,他就采取了一系列措施来做准备。1923 年 10 月,孙中山聘请苏联派来的鲍罗廷为顾问,同时指派廖仲恺、李大钊、汪精卫等五人为改组委员会委员,并设立了国民党临时中央委员会,筹备党的全国代表大会。11 月 25 日,孙中山发表《中国国民党改组宣言》,宣布"先由总理委任九人,组织临时中央执行委员会,以始其事"①。孙中山认为,俄国革命,原本只有民权主义和民生主义,而没有民族主义,"但其在六年间奋斗,皆是为民族主义而奋斗。若是,与吾党之三民主义,实在暗相符合"。他说,国民党和苏俄都是三民主义,但国民党没有良好的方法,所以迟迟不能成功,而苏俄有良好的方法,所以能取得成功,"吾等要想革命成功,一定要学他"。因此,孙中山说,革命的成功,一定"要靠党员的成功,不专靠军队的成功"。在这种思想指导下,他决心加快国民党改组步伐。

鲍罗廷作为苏联的代表,到达广州后很快就获得了孙中山的信任。鲍罗廷是共产国际的成员,曾负责指导英国共产党加入工党,他是苏联驻华外交使团的正式成员,和苏联驻华全权代表加拉罕关系很好,因此被推荐作为孙中山的首席政治顾问。在对国民党进行深入的了解后,鲍罗廷向孙中山指出了国民党的问题所在,他说国民党组织形式松散,缺乏战斗力和凝聚力,像这样的战斗群体,很难取得革命的成功,因此建议孙中山让中国共产党员加入国民党,以增强国民党的战斗力。孙中山对国民党组织涣散的弊端深以为然,但同时,孙中山对中国共产党员加入国民党这件事颇为慎重,他多方征求意见。由于戴季陶对马克思主义研究得很深,因此孙中山特地征求他的意见,并把他列为联俄联共政策的 20 位参议之一,不久,又指定戴季陶和廖仲恺等五人组成国民党改组委员会。然而此时的戴季陶,已经不再是五四时期大力宣传马克思主义的戴季陶,作为创建中国共产党的参与者,他不但不支持这件事,而且还竭力反对。他对孙中山说,没有必要节外生枝搞什么国民党改组,说这样是"屡格于众议",是"没有独立之规划,而乃以外力为动机"的事情。他进一步

---

① 《孙中山全集》第八卷,中华书局,1983 年 10 月,第 430 页。

说,孙中山让共产党员加入国民党的政策无异于养虎为患,只会壮大中国共产党的力量,日后一定会留下后遗症。其实,对于改组国民党,最早是戴季陶在1916 年跟随孙中山去日本时提出来的,此后他还曾提出过改组方案,孙中山几次亲自修改。

1923 年 12 月,戴季陶由四川返回上海。此时,他已经完全背离了马克思主义,对中国共产党表示抵制,他对于孙中山积极和苏俄(苏联)以及中国共产党合作的做法十分不满,表示反对,对于他被任命为国民党改组临时中央执行委员的职务,也是推辞不干。为取得这位心腹爱将的支持,孙中山不仅专门发电报,而且专门派廖仲恺来做工作。第一次,戴季陶向廖仲恺表示,自己明确反对联俄联共政策。他认为孙中山提出的跟苏联借款的事非常的不妥,以后会导致党权旁落。他还让廖仲恺务必记住两点:一是共产党人加入国民党,必须取单一党籍,不可存留两党党籍;二是不要借党费,即使非借不可,国民党也不应因之而受到牵制。无奈之下,廖仲恺只能失望而归。第二次,廖仲恺又去上海邀请戴季陶南下。戴季陶对孙中山通过联俄联共实现改组,还是很不认可,他曾说:"今日改组,又不事独立之规划,而乃以外力为动机,一切纠纷,必由此起。"①他还说:"为什么以前说要改组国民党,孙先生不肯采纳,而现在要联俄联共才实行改组国民党呢?"②戴季陶从内心上反对孙中山的联俄联共政策,但是作为多年的忠实追随者,他不愿意与孙中山闹得太僵,最终还是来到了广州。鲍罗廷作为共产国际的代表,希望通过国民党内部的改组和中国共产党的集体加入,能够把国民党变成接受共产国际领导的政党,因此,他一直在国民党内部物色合适的人选,考虑到戴季陶曾经大力宣传过马克思主义,他也曾在汪精卫、胡汉民和戴季陶之间游移不决,但他始终对戴季陶的政治倾向持怀疑态度。随着戴季陶的反共立场越来越明显,鲍罗廷把戴季陶划为国民党右派。戴季陶对中国共产党及鲍罗廷把自己划为右派的做法十分不满,他

---

① 陈天锡编:《戴季陶先生文存》第三卷,(台北)中国国民党中央委员会,1959 年,第 980 页。

② 廖仲恺:《双清文集》下卷,人民出版社,1985 年,第 940 页。

说左右这种字眼只不过是一个方向的代名词，划分本身没有意义。有一次演讲，他还特地连续做了四个左转的动作回到原地来证明自己的观点。鉴于戴季陶的右派立场，鲍罗廷对戴季陶提出希望去苏联进行访问的愿望，明确表示应该暂缓进行。

支持领袖　受委重任

到了广州以后，孙中山耐心地反复说服戴季陶支持自己，戴季陶出于对孙中山的尊重，没有再公开反对国民党改组和中国共产党加入的事，只是态度暧昧，不很积极。

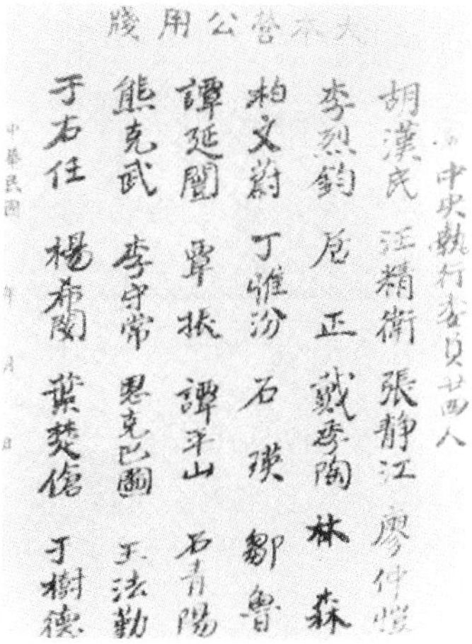

大本營公用箋

中央執行委員廿四人

胡漢民　汪精衛　張靜江　廖仲愷

李烈鈞　居正　戴季陶　林森

柏文蔚　丁惟汾　石瑛　鄒魯

譚延闓　覃振　譚平山　石青陽

熊克武　李守常　恩克巴圖　王法勤

于右任　楊希閔　葉楚傖　于樹德

图 5-1　国民党“一大”中央执行委员会名单

1924 年 1 月，在孙中山的领导下，中国国民党第一次全国代表大会召开，大会代表有两种产生的方式，一种是采取地方党部推选，另一种是孙中山指派，海内外代表共 200 人，出席开幕式的代表有 165 人。出席中国国民党“一大”的代表中，有中国共产党的领导人陈独秀、李大钊、毛泽东、林祖涵(林伯渠)、瞿秋白、谭平山等，共有共产党员 24 人。孙中山担任大会主席，并指定胡汉民、汪精卫、林森、谢持、李大钊组成大会主席团，苏联顾问鲍罗廷应邀出席了大会。

国民党“一大”召开前，国民党内部对于是否和苏联以及中国共产党联合的意见并不统一，包括张继等国民党元老在内的很多人都持反对态度。国民党党员邓泽如、林直勉等人曾上书孙中山，说国民党的“组织法及党章、党纲实多出自俄人鲍罗廷之指挥”，“闻俄人替我制定之政纲政策，全为陈独秀之共产党所议定”，他们的目的是反对联俄联共。邓泽如作为长期资助国民革命的金融家，与孙中山私人关系十分密切，但孙中山丝毫不为所动。1923 年 12 月 3 日，他对邓泽如等的“弹劾案”亲笔批示，“党章党纲等草案稿，为我请鲍罗廷所起，我加审定。原为英文，廖仲恺译之为汉文，陈独秀并未闻其事，切不可疑神疑鬼"，又说，"你们愿意跟着我革命的就来，不愿意革命就走"，甚至还说，"你们不赞成改组，那就解散国民党，我个人可以加入共产党"。① "一大"召开时，孙中山把反对改组最强烈的张继驱逐出了会场并囚禁起来。即便如此，国民党内部反对意见仍然很多，大会经过激烈的争论，最终做出了决议，"党员不得加入他党，不必用明文规定于长成，惟申明纪律可也"。②

《中国国民党第一次全国代表大会宣言》对三民主义重新做了解释，新的民族主义明确提出了反对帝国主义和封建军阀的主张，新的民权主义提出民权属于一般平民所共有而不是少数人所私有的权力，新的民生主义提出了"平均地权"和"节制资本"的主张，提出要制定劳工法，改善工人生活，从而在实际上确定了联俄、联共和扶助农工的三大政策，由此使孙中山的三民主义发展到一个新高度。新三民主义的政纲同中国共产党在旧民主主义革命时期的纲领在主要原则上是基本相同的，因而成为第一次国共合作的政治基础。戴季陶在中国国民党"一大"上，为了支持孙中山，还是做了一些有利于国共合作的工作。

作为《国民党党纲》审查委员会的九名委员之一，在审查《中国国民党第一次全国代表大会宣言》时，戴季陶按照孙中山的意图，没有站在右派瑞麟的那边，"对于章程审查报告认为满足，主张维持第一次审查报告"，支持孙中山提出的新三民主义的理论，没有明确反对联俄联共的主张，这一点说明戴季陶作为孙中山的追随者，在重大事件上还是毫无保留地支持孙中山的，这也是他被孙中山所器重的原因之一。同时，戴季陶在反对国民党右派、维护国共合作大局上，也做了一定的工作。1 月 29 日，担任大会《宣言》审查委员会委员的国民党人黄季陆，提出了所谓"采比例选举制为本党政纲之一"提案，这一提案意图是通过所谓的比例选举制，保护当时国民党内占少数的右派的地位。共产

---

① 何香凝：《对孙中山先生的片段回忆》，《人民日报》，1956 年 10 月 29 日。
② 中国第二历史档案馆编：《中国国民党第一、第二次全国代表大会会议史料》上册，江苏古籍出版社，1986 年，第 51 页。

党人识破了他的企图,提出比例制不利于革命事业,坚决予以反对。戴季陶作为会议的主持人,在中国共产党人的坚决反对下,出于贯彻孙中山的意图,确保维护国共合作的大局的考虑,对这个提案采取了搁置的办法,他说:"本席曾有见本案,不能仓促表决,故主保留作为明年大会时必须提出之议案。"因此,黄季陆的所谓"比例选举"的议案没有获得通过。

国民党右派一计不成又生一计,邓泽如、谢持、林森、黄季陆等人在大会上提出了所谓的"在国民党中央设立研究部"的提案,意图是要用研究部取代中央决策权,排除国共合作的中央领导权。这个提案一经提出,就遭到了毛泽东等共产党人的驳斥,共产党人指出,这个提案把执行和研究分开另设组织,不利于中央行使决策权。这也得到了部分国民党有识之士的支持。戴季陶当时是大会五人主席团成员之一,他认为这个提案如果通过,于公上不利于孙中山联俄联共的合作大局,于私上这个另起炉灶的机构必然会使他作为国民党内大佬的权势衰减,因此,他说:"不必在形式上另有研究部,只要中央执行委员会在其可能中行之可耳。"最后,大会否决了这一提案,一致决定国民党中央执行委员会是国共合作的统一的最高组织机构。

1月30日,国民党"一大"选举出了第一届中央执行委员和候补委员41人,其中中国共产党党员10人。1月31日,《中国国民党第一次代表大会宣言》正式发表,孙中山召集了中央执行委员会和监察委员会全体会议,推举中央常务委员组成中央党部,其中中央常务委员三人,分别是戴季陶、廖仲恺及谭平山,中央机关由秘书处和八个部门组成,戴季陶出任宣传部部长。1924年4月,孙中山又颁发大元帅令,委任戴季陶担任法制委员会委员长和大本营参议。由此可见,戴季陶深得孙中山的信任和赏识。

消极应对　擅离职守

国民党"一大"期间,戴季陶虽然没有明确反对联俄联共政策,但是他很担心改组后的国民党被共产国际和中国共产党控制,所以他说:"把共产党参加进来,只能把他们作为酱油或醋,不能把他们作为正菜的。"

从内心上来说,他是反对孙中山联俄联共政策的,因此他此前一直待在上海,迟迟不肯南下广州。之所以南下,也是因为孙中山多次催促和廖仲恺两次劝说。他原本打算南下以后当面说服孙中山,可是他后来看到一批反对国共合作的国民党右派,被孙中山坚决地批评和驳斥,甚至还有人因此被囚,在这种形势下,他只能无奈地无条件支持孙中山,支持新三民主义,支持联俄联共的政策。无论是从维护狭隘的党派利益也好,还是出自维护个人利益的私心,他虽然也做了一些工作,但总体上来说,对于国共合作这件事,他真正采取的是左右摇摆、消极应对的态度。

孙中山虽然没有批评戴季陶,但戴季陶本身遭到了中国共产党人和国民党右派两个方面的攻击。中国共产党人看透了戴季陶两面三刀的把戏,认定了他从心底里对国共合作持排斥态度,所以把他划为国民党右派。而国民党右派,又认为戴季陶曾是马克思主义的宣传者和鼓吹者,在大会上屡屡否决他们的提案,因此是一个不折不扣的亲共产党的人,也对他予以攻击。在这两个方面的压力下,戴季陶觉得自己生活在夹缝中,是哑巴吃黄连有苦说不出,因此他选择了离开广州这个办法。

国民党"一大"才闭幕,作为国民党中央常委之一、宣传部部长的戴季陶就不辞而别,只身返回上海。此时的戴季陶,再次处于他人生中的转折点上。他说:"我的思想从此时起,只有回头的感情,没有向前的勇气。"[1]戴季陶已经从孙中山的得力助手又变为一个革命热情消失、革命意志消沉的人。对于戴季陶身负重任却擅离职守的行为,孙中山非常恼怒,马上电召他回广州,国民党内部对戴季陶作为国民党元老的这种无组织无纪律的散漫行为也是一片哗然。戴季陶在巨大的压力下,被迫于1924年2月中旬返回广州。返回广州后,他非但没有从心理上接受联俄联共的政策,反而抛出了自己的狭隘政党思想。黄季陆曾说,国民党右派从组织上表现出对共产党的不安,"理论思想上

---

[1]　陈天锡编:《戴季陶先生文存再续编》,(台北)商务印书馆,1968年,第745页。

的对立与不同,戴季陶先生便是创作反共理论的第一人"。[①]

为了限制中国共产党的发展,维护国民党的党派利益,戴季陶提出所谓中国共产党人放弃共产党党籍无条件加入国民党的思想,并利用自己的地位通过各种途径反复宣传自己的言论,结果自然是屡屡碰壁。1924 年 3 月 29 日,他在和何香凝、谭平山交谈时说:"今日中国之需要,则又为一有力之国民党,共产党人亦自承认之矣,若于此日,共产党之同志,能牺牲其党籍,而完全作为一纯粹之国民党,使国民党中,不致有两个中心,然而一切纠纷,乃可尽除,而组织工作,乃不致受此无形之障碍。"戴季陶还多次劝说谭平山带头放弃中国共产党党籍,遭到谭平山的严词拒绝和批评。

二　戴季陶与黄埔军校

力荐校长　劝谏介石

在经历过多次革命的失败后,孙中山认为有一支属于国民党领导的军队十分重要,因此他积极和苏联合作,希望能够在苏联的帮助下,直接建立自己的军队。他曾希望以布拉戈维申斯克作为苏联的远东指挥中心,把华南的革命军事力量集结到离苏联很近的新疆省,在谢米巴拉廷斯克和七河省的交界处建立根据地,并逐步发展壮大。但是,当时苏联有自己的考虑。首先,苏联希望能够争取北京国民政府对其合法性的承认,不愿意和北京国民政府对立,因而始终不愿承认孙中山的广州政府;其次,苏联和日本在远东的关系很紧张,苏联怕建立远东中心会招来日本开展过激的行动;再次,这个中心靠近外蒙古,苏联不愿意自己在外蒙古的利益受到损失。1923 年 8 月 16 日,孙中山派蒋介石为团长,和王登云、张太雷等一起组成五人代表团,从上海出发前往苏联,开展了为期 2 个多月的考察访问,其中沈定一、张太雷是中国共产党代

---

① 黄季陆:《怀念戴季陶先生》,(台北)《传记文学》,第 6 卷第 2 期。

表,这就是著名的"孙逸仙博士代表团"。在代表团出发前,孙中山向苏联驻华大使加拉罕通报了"孙逸仙博士代表团"前去苏联参观访问的性质和任务,"将讨论我们的朋友靠什么方法和途径,能够对我在我国的工作给以帮助"。"孙逸仙博士代表团"考察了苏联革命成功的经验,认为发动了工人和农民进行革命是革命能够取得成功的主要原因。此外,在苏联考察活动的重点内容之一是学习苏联建军经验,代表团系统地参观访问了苏联红军、军事学校和军事设施等,对红军的党代表制度和其他组织制度也进行了深入的研究,从而为黄埔军校的建立打下基础。

图5-2 黄埔军校开学典礼,检阅台上从左到右依次为廖仲恺、蒋介石、孙中山、宋庆龄

黄埔军校成立前,孙中山原来计划派程潜担任校长,蒋介石、李济深担任副校长。程潜毕业于日本早稻田大学和陆军士官学校,是老同盟会员,曾历任湖南护法军司令、陆军次长和大元帅府军政部长等要职,无论是资历还是能力都是一个非常合适的人选。蒋介石对此非常不满意。据曾任黄埔军校政治部主任的包惠僧回忆:"黄埔军校开办之前,孙中山派蒋介石到苏俄去考察军事,决定派程潜为校长,蒋介石、李济深为副校长。蒋介石认为这一次的联合战线黄埔建军是开创性的局面,以他同孙中山的关系与他曾到苏俄考察军事这一条件,他说一切既是学习苏俄,程潜那一点日本派的旧的军事知识有什么用处呢?他既不愿屈居在程潜之下,就愤然离开了广州。"黄埔军校二期炮兵科学

生覃异之也曾说:"关于校长的人选,最初决定为程潜,而以蒋介石、李济深为副校长。蒋介石当时无论在党在军都是后辈,孙中山先生派他为军校副校长,已经是'不次之迁'。但是蒋介石不愿在程潜之下,对这个任命很不满意,就离开了广州,跑到上海,表示消极。"①由于蒋介石和戴季陶是知交好友,蒋介石就对戴季陶说,程潜曾当过清廷的标统,他(蒋介石)不能和一个封建奴才合作。戴季陶对这个兄弟十分卖力,趁孙中山先生还没有发布程潜担任校长的任命之前,赶紧拉着张静江、吴铁城等人去向孙先生力荐蒋介石。在戴季陶、张静江等人的力荐下,孙中山认为蒋"为浙江出身之武官,十年前曾留学于日本士官学校,受新式之军事教育","雄略沉毅",由他担任校长,不仅他本人"将蔚为军官中之大器",由他编制的军队将必定是"民国第一劲旅"。同时,蒋介石还是当时中国和苏俄都能接受的人,苏俄方面认为蒋介石在中国军事干部中"以文化教养最高之辈著称",而且有日本留学的资历,特别是曾作为孙逸仙博士访问团的代表访问过苏俄,苏俄方面比较放心,认为蒋介石是国民党左派。程潜不愿意和蒋介石争校长之位,孙中山于是决定把校长之位委派给蒋介石。

图 5-3　任国民革命军总司令时的蒋介石

黄埔军校的成立一波三折。国民党"一大"期间,孙中山决定成立黄埔军校筹备委员会,任命蒋介石为筹备委员会委员长。1924 年 2 月 6 日,军校筹备处在广州南堤二号正式办公,分设教授、教练、管理、军需、军医五部,不久,蒋介石与苏联顾问发生了争吵,他借口"环境恶劣,办事多遭掣肘",2 月 21 日忽然向孙中山提出辞职,说"所有军官学校筹备处已交廖仲恺先生代为交卸,

---

①　曹群:《黄埔教父孙中山》,东方出版社,2014 年 1 月,第 66-67 页。

乞派人接办",并派秘书召集筹备处人员开会,宣布黄埔军校不办了,当场还宣布了相关人员的遣散费,蒋介石本人没等孙中山批复,就撂挑子走人去上海。孙中山看到蒋介石的辞呈,立刻批示:"务须任劳任怨,百折不回,从穷苦中去奋斗,故不准辞职。"①2 月 29 日,又发电给蒋:"军官学校以兄担任,故遂开办。现在筹备既着手进行,经费亦有着落,军官及学生远方来者逾数百人,多为慕兄主持校务,不应使热诚倾向者失望而去。且兄在职,辞呈未准,何得拂然而行? 希即返,勿延误。"②蒋介石则以"孙中山过于信任共产党"为借口坚持不回来。戴季陶作为蒋介石的密友,同时又是孙中山的追随者,不愿意蒋介石和孙中山闹得太僵,于是请蒋介石的另一个拜把兄弟张静江出面,劝他不要因小失大,以黄埔军校起家做一番事业。如果没有戴季陶委托张静江去劝说蒋介石,蒋介石也许就不是黄埔军校的校长了,而中国现代史也将改写。蒋介石出任黄埔军校校长后,立刻向孙中山举荐戴季陶为政治部主任,戴到任后,劝谏蒋介石要"韬光养晦,忍一时之气"。戴还回忆,黄埔军校成立之初,孙先生任总理,廖仲恺任党代表,蒋介石虽是校长,但一切问题都须经党代表签署才有效。

蜻蜓点水　虚与委蛇

黄埔军校筹办初期,戴季陶在孙中山的领导下,为黄埔军校做了一点工作。比如在黄埔军校的招生上,由于当时中国很多省份都处于北洋政府的控制之下,黄埔军校不能在这些省份公开招生,国民党中央便要求各省中央委员,在回原籍的时候私下招生,戴季陶和于右任、居正等人颇为积极。根据国民党中央的规定,各地考生在经过当地初选后,再来广州参加复试,有大约1300 名左右的考生通过了初选来到广州。为切实做好复试招生工作,军校筹备委员会决定成立军校试验委员会,以蒋介石为委员长,王柏龄、邓演达等 9 人为委员,经孙中山批准于 1924 年 3 月 21 日成立。戴季陶拟定了复试的国

---

① 《孙中山全集》第九卷,中华书局,1985 年,第 507 页。
② 《孙中山全集》第九卷,中华书局,1985 年,第 526 页。

文试题,数学试题由王登云拟定,中国共产党员张申府和苏联顾问负责口试和监考以及阅卷的工作,最后确定招生 400 多人,这就是将星璀璨的黄埔一期,其中很多学员后来都是身居要职、手握重兵、权倾一时的人物,比如后来中共的高级军事将领徐向前、陈赓、左权等,国民党方面的高级将领胡宗南、宋希濂、郑洞国、侯镜如等。

1924 年 5 月 13 日,孙中山亲自签署任命戴季陶与胡汉民、汪精卫、邵元冲为黄埔军校政治教官。1924 年 6 月 13 日,也就是黄埔军校正式开学前三天,戴季陶被孙中山任命为黄埔军校政治部主任。[①] 孙中山在筹办黄埔军校的时候,就想让戴季陶负责政治教育,这是因为黄埔军校由中国国民党所领导,而戴季陶是国民党的理论家,用国民党的理论承担政治教育的重任,戴季陶是最合适的人选。根据现有资料,戴季陶是先任总政治教官,后来才任的政治部主任。蒋介石担任校长之后,旋即保举戴季陶担任军官学校政治部主任,这和孙中山的想法不谋而合。

6 月 14 日,戴季陶与邵元冲等人创作了"十二句训词",孙中山在 6 月 16 日黄埔军校开学典礼上,提出了这"十二句训词",即"三民主义,吾党所宗,以建民国,以进大同。咨尔多士,为民前锋;夙夜匪懈,主义是从。矢勤矢勇,必信必忠;一心一德,贯彻始终"。戴季陶为主创作的这十二句训词,由于简洁明快、朗朗上口,在开学典礼后不久就被谱成曲,作为黄埔军校校歌,名称叫"三民主义歌"。然而,"这首由戴季陶作词的校歌,由于韵律不太顺畅,唱起来词不合曲。虽然校长蒋介石几次在全校大会上带头唱,但是师生都不大喜欢这首难上口的校歌。此校歌主要在第 1 至 4 期学员当中传唱,因此在军校与社会上流传不广。后来有了新校歌(《怒潮澎湃》)取代了这首校歌"。[②] 北伐成功后,戴季陶建议"三民主义歌"作为国民党党歌并获国民党中央常务委员会通过作为国歌。

① 尚明轩主编:《孙中山全集》第十三卷,人民出版社,2015 年,第 366 页。
② 陈予欢:《戴季陶与黄埔军校》,《黄埔》2017 年第 3 期。

　　黄埔军校开办之初,戴季陶曾去军校做了几次演讲。1924 年 4 月 29 日,戴季陶到黄埔军校筹备处与筹备人员会面,做了题为《革命党员的责任》训话:"今天兄弟与各位第一次见面,各位勇气百倍,精神焕发,兄弟非常欣喜! 本党为养成革命军事人才,所以办这个学校。各位的责任,是很重大的! 以后本党革命建设,能做到如何程度,全在各位的工作如何,希望各位都明白自己的地位才好。今天兄弟有简单的言语,同各位讲:我们中国已立四千余年了,在历史上所占的地位很高。我们所能做的革命事业,是对于中国民族负继往开来的责任;就是对于过去负承继的责任,对于将来负永久存正为世界文化尽力的责任。自本党总理主张革命以来,所倡三民主义都是说明我们对过去将来的责任。我们若不明了我们的历史过去的地位,就不能负将来的责任。"①5 月21 日,戴季陶在军校做题为《群性赖纪律而完成》的演讲时说,"政治部的课程自下月第一星期起,按步实行,今天先提出一个问题来与各位说一说,个性与群性前次已经说了,今天所说的就是群性如何完成的方法","中国自封建制度破坏以后,生活上任人民自由,思想上则绝对专制,国民训练一点没有,国家地位毫不认识,近二三十年来人民虽渐渐认识国家地位,然大多数的人民还是不认识的,所以一切团体都是很散漫,没有组织的方法","社会的生活、社团的组织完全从纪律出来"。②

　　黄埔军校刚开办时,非常缺乏从事政治教育的政工干部,作为政治部主任的戴季陶多次让中国共产党员张申府为军校推荐人才。张申府曾说:"廖仲恺同志在黄埔军校负责实际筹备工作,后担任军校党代表。戴季陶是政治部主任。他们对我非常热情,常请我吃饭,谈军校工作……谈话之间,他们希望我能够推荐一些在国外学习的优秀学生到黄埔军校来。"于是,张申府开出 15 人的名单,全部是共产党人,位列第一的就是周恩来。

　　戴季陶虽然为黄埔军校做了一些工作,但出于内心对孙中山联俄联共政

---

①　陈宇编著:《黄埔军校年谱长编》,华文出版社,2014 年 11 月,第 18 页。
②　陈宇编著:《黄埔军校年谱长编》,华文出版社,2014 年 11 月,第 26 页。

策的反对,总体上来说,他是消极应对的。当时军校政治部的副主任是张申府,政治部秘书是聂荣臻、鲁易,他们都是中国共产党员。对此,戴季陶曾表示非常不满,觉得自己已经被共产党人所包围,自己这个国民党元老怎能和这帮年轻的共产党人在一起合作共事呢? 所以,他后来回忆说:"近两年当中,可以说没有一件事是我愿意做的,没有一句话是愿意讲的。"戴季陶虽然身居黄埔军校首任政治部主任的要职,但是总体上,他对政治部工作较为消极,政治部没有具体的组织机构,只有两名记录员,连具体的制度安排、岗位职责、工作计划都没有,只是在官长政治教育计划中添加了《教育与革命》的课程。1924 年5 月 31 日,戴季陶与廖仲恺、邵元冲、甘乃光、刘芦隐等一起前往位于广州长洲岛的黄埔军校,共同商讨教材讲授课程事宜,确定了政治课授课分工,并规定"每周一节课时一小时余"。

根据孙中山的设想和安排,黄埔军校政治部作为中国国民党党管军校的具体体现与执行机构,负责全校学生的政治教育事宜,后来又增加了党务和宣传的内容,首开中国军队政治工作制度之先河。但当时戴季陶是中国国民党中央常务委员、宣传部部长,黄埔军校政治部主任只是他的若干兼职之一,因此他不可能集中精力开展工作,只是将中国国民党党务与政治制度照搬到军校工作中。

左右摇摆　负气出走

戴季陶在黄埔军校期间,曾试图在政治上采取两面派的手法,以所谓的"中庸"之道保持中立,结果导致共产党和国民党右派都不能容忍他。国民党右派因为戴季陶曾大力宣传马克思主义,便说他是共产党,共产党却对戴季陶消极应对的政治立场表示怀疑,因而两方面都对他反感。于是,戴季陶无奈地对蒋介石说,"白刃可蹈,中庸不可能"。①

----

① 陈天锡编:《戴季陶先生文存》第三卷,(台北)中国国民党中央委员会,1959 年,第 985页。

张治中回忆说,当时军校内的政治斗争很尖锐,有一次为了调解校内的摩擦,戴季陶和沈玄庐特地到学校开了一个座谈会,戴季陶被参会的中国共产党党员百般诘难,几乎下不了台。在这种夹缝中左右摇摆,戴季陶自然度日如年。

当时,黄埔军校内有孙文学会和青年军人联合会两个组织,孙文学会是国民党右翼师生为主,青年军人联合会则由共产党人组成。孙文学会有两大法宝,其中之一就是理论"祖师爷"戴季陶,另一个是擅长出谋划策的军师王柏龄。凡是和共产党作对的事,这两个人都不遗余力。蒋先云等共产党员想了一个办法,由共产党员李之龙画了一幅漫画,上面的人身穿长袍马褂,头戴瓜皮小帽,吃力地背着孙中山的塑像向破败的孔庙走去,形如戴季陶,这个漫画的意思是戴季陶曲解孙中山思想。后来这幅画被复制了很多幅,贴遍了全校,看过的学生无不哈哈大笑。戴季陶此前还前去学校讲课,漫画事件后就再也不去了。

黄埔军校政治部主任是一个非常耀眼、位高权重的职位,它是党代表的参谋长,特殊情况下可行党代表之权,然而戴季陶并不珍惜这个位置。黄埔军校开学还不到一个月,戴季陶就突然神秘地失踪了。戴季陶的失踪,让军校师生感到十分惊讶和莫名其妙,各种猜测和流言传播开来。一些别有用心的国民党师生乘机造谣说戴季陶的失踪是共产党在捣鬼,想乘机排挤国民党控制政治部。

然而,这件事情的真相据说是源起于一次偶然的打架事件。有一天,戴季陶到国民党中央执行委员会委员邹鲁家做客,碰巧当时国民党右派头子、国民党中央监察委员会委员张继也在他家,两个人就谈到了中国共产党的问题。当时戴季陶和国民党中央宣传部里的共产党人毛泽东、萧楚女等人关系还不错,因此无意识地为共产党人说了几句好话。张继作为国民党右派的头子,一直把共产党人视为眼中钉肉中刺,他一时激动起来,对着戴季陶破口大骂:"你是一条共产党的走狗!"戴季陶不甘示弱,回击曾做过北洋政府幕僚的张继:"你这个北洋军阀的走卒! 也配来教训我!"张继闻言恼羞成怒,接着骂戴季陶："戴传贤,你从保皇党干到共产党,是一个十足反复无常的小人!"接着,张继动手打了戴季陶一个耳光,两个人就互相扭打起来。文弱的戴季陶打不过五大三粗的张继,当场嚎啕大哭,他越想越觉得委屈,第二天就留下辞呈跑去了上海。

其实,戴季陶的离开还有一层原因,就是戴季陶和苏联顾问鲍罗廷关系不够融洽。鲍罗廷认为戴季陶联俄联共的政治立场不坚定,对他表示怀疑。孙中山对戴季陶的再次不告而别很生气,对他感到非常失望。此后,张申府、邵元冲等先后代理政治部主任,都不尽如人意。孙中山和苏联顾问商量之后,终于决定请共产党人周恩来出任政治部主任。

三　戴季陶追随孙中山北上

追随北上　见证遗嘱

1924 年 10 月 22 日午夜,冯玉祥在北京发动政变,军队包围了总统府,囚禁了总统曹锟,迫使直系军阀控制的北京国民政府下令解除吴佩孚的职务,史称"北京政变"。政变后,在冯玉祥的授意下,内阁通过了《修正清室优待条件》,把清朝末代皇帝爱新觉罗·溥仪迁出了紫禁城。北京政变的第二天,冯玉祥、黄郛、孙乐等人在北京召开政治军事会议,决定请皖系军阀段祺瑞担任中华民国临时政府执政,同时电请孙中山入京共商国是。在北京政变之前,孙中山就和冯玉祥有了联络,他曾在 1924 年 9 月 5 日颁发《讨伐曹锟吴佩孚令》,认为曹锟贿选大总统,"渎乱选举,簪窃名器,自知倒行逆施,为大义所不容。乃与吴佩孚同恶相济,以卖国所得,为穷兵黩武之用"。同年 10 月 19 日,他还"特派徐谦为冯军慰问使",[①]密函徐谦劝说冯玉祥武装革命,"请告冯,北京国会为不合法……则当用革命手段以救国"。北京政变发生后,10 月 27

---

① 尚明轩主编:《孙中山全集》第十一卷,人民出版社,2015 年,第 210 页。

日,孙中山即分别致电段祺瑞和冯玉祥,准备北上。孙中山置自身的安危于度外,说:"汝等以大元帅视我,则我此行诚危险,若以革命领袖视我,则此行实无危险可言。"11月1日,孙中山主持国民党中央第十二次会议,提出召开国民会议统一中国的主张,同日冯玉祥再次邀请孙中山北上。11月10日,孙中山发表《北上宣言》,宣布对内要打倒军阀、对外要推倒军阀赖以生存的帝国主义,废除不平等条约,表示接受中共在《第二次对时局主张》中提出的召开国民会议的主张。

1924年11月中旬,孙中山到达上海,电召戴季陶以日文秘书的身份随他绕道日本北上。孙中山之所以要绕道日本,一方面,是因为当时从上海到天津的车船水陆运输都不通畅,另一方面,是因为孙中山希望能够取得日本政府的帮助,孙中山在日本的朋友,如头山满、犬养毅等进入了日本内阁,孙中山对此信心满满。孙中山在日本回答记者提问时,表示希望日本能够支持中国统一。但事实证明,在利益面前,孙中山昔日的朋友靠不住,他们早已对中国起了觊觎之心。到日本后,孙中山与日本右翼政治领袖头山满曾举行过会谈,孙中山主张"废除一切不平等条约",头山满等人明确反对,昔日朋友闹得不欢而散。

图 5-4　1924 年 11 月,孙中山北上途中,后中为戴季陶

戴季陶离开广州后,一直居住在上海,正处于人生的低谷期。他对在广州大显身手的中国共产党人非常不满,希望用三民主义颠覆联俄、联共、扶助农工的三大政策,用所谓的以中国为中心的民族国际来取代国共合作,这和孙中山的本意是相违的。可是作为孙中山的拥护者和追随者,这次孙中山召唤他

作为日文秘书随行,他毅然决然地跟随先生再次前往日本。孙中山在日本的8天时间里,向中国留学生、华侨团体和日本各界人士发表了多场演说,戴季陶作为秘书和翻译,恪尽职守,认真地为孙中山做好翻译工作,日本记者也被他出色的翻译所钦服,曾不约而同地为戴季陶鼓掌。

图 5-5　1924 年 11 月,孙中山和日本友人在神户的合影,后左 2 为戴季陶

图 5-6　1924 年 11 月 28 日,孙中山发表演讲,右侧为戴季陶

　　离开日本后,戴季陶再次回到上海。1924 年 12 月 4 日,孙中山抵达天津,正是寒冬时节,天寒地冻,又加上旅途劳顿,入津时已经在发高烧的孙中山,此时肝病发作,情况比较严重。在请了德国医生治疗了一段时间之后,高烧渐渐地退了,但是肝病没有好。经过十多天的休息,本来孙中山的病情已经稍有好转,但是随后又因为段祺瑞的事大动肝火。12 月 18 日,段祺瑞的代表叶恭绰、许世英来到天津拜访孙中山,谈到外交问题时说,段祺瑞有"外崇国信,尊重条约"的保证。孙中山非常不高兴,说:"外交团要求尊重条约,我听说段执政府已经同意,我在外面要废除那些不平等条约,你们在北京偏偏地要尊重那些不平等条约,这是什么道理呢? 你们要升官发财,怕那些外国人,要尊重他们,为什么还来欢迎我呢?"

　　此后,孙中山的肝病爆发,十分痛苦,但他为了中国统一的大业,还是坚持在 12 月 31 日到达北京。孙中山到达北京的当晚,协和医院代院长刘瑞恒、美国医生施美路德士和协和医院的医生共 7 人一起会诊,会诊结果认为孙中山患有肝部慢性发炎及肝部肿胀的急性病,但并非绝症。为了便于治疗,孙中山住进北京饭店 506 号房(现在是北京饭店 B 座 5101 号房),他的随行人员住在段祺瑞给孙中山准备的行辕,也就是铁狮子胡同原顾维钧住宅。当时苏联驻华大使加拉罕还特意为孙中山派了 3 个苏联籍的警卫员以保护他的安全。

　　1925 年 1 月 20 日,孙中山的病情急剧恶化,于 26 日住进北京协和医院。外国医生进行剖腹检查后,发现仅凭肉眼就可以看到孙中山的肝脏十分坚硬,于是诊断为肝癌晚期,而且认为至少 3 年前就已经罹患了肝癌,药物已经无法治疗。

　　戴季陶得到了孙中山在北京病重的消息后,立刻赶往北京,日夜陪伺在孙中山的病榻之前。在孙中山的最后阶段,戴季陶作为孙中山最为信任的人之一,和宋庆龄、汪精卫、邵元冲、孔祥熙、何香凝等人一直陪伴在侧。孙中山见到戴季陶后,内心很高兴,曾问他:"听说你近些时在上海求学十分用功,不知看些什么书？学些什么东西？"①戴季陶听了之后十分感动,忍不住想大哭一场,只是他强忍住泪水,回答了孙中山的问题,并且请孙中山安心养病。此后,戴季陶还向孙中山提出了一个要求,希望孙中山能允许自己将多年来钻研三民主义的心得体会撰写成文章,发表于世,孙中山微微点头对此表示同意。

按照戴的说法说:"因痛心共产党异说横行,生心害政,流毒无穷。一日,曾以体认三民主义,实渊源于古代正统思想,而直绍心传见地,详陈于国父病榻之前,请示可否以仰钻所得,写为文字问世,以正人心,而端趋向。国父聆悉之余,嘉其认识正确,许以尽情倾吐。"②这实际上成为他日后提出"戴季陶主义"的借口。其实,孙中山晚年联俄联共的主张众所皆知,而戴季陶反共分裂,显然是有违先生意愿的。

戴季陶是一个情感丰富的人,他想到孙中山和他相处的点点滴滴,以及孙中山对他的倚重和厚爱,再想到孙中山已经病入膏肓,将不久于人世,曾几次忍不住放声大哭。当孙中山病情稍有好转,戴季陶就和他进行短暂的交流,探讨中国革命事业的进展情况。据戴季陶回忆:"总理逝世前,我在北京侍疾,总理谈及了和日本有关的二三事项。总理说,我们对日本应谈主权的问题最少限度有三项,第十二页便是废除日本和中国所缔结的一切不平等条约,这是我们对日本最低限度的主张。"孙中山对日本的看法对后来戴季陶写作《日本论》有很大的启迪。

孙中山在弥留之际,神志并不模糊,体温也不高,睡醒了就会问东江讨逆的进展情

图 5-7　有戴季陶签名的孙中山遗嘱

---

① "医生报告"第 3 页,孙中山筹备委员会:《哀思录》,1929 年。
② 陈天锡:《戴季陶先生的生平》,(台北)商务印书馆,1968 年,第 197 页。

况,身边的人向他报告说黄埔学生军已经加入了军队作战,而且连连大捷,孙中山听说以后十分高兴,命令发电嘉奖。1925年3月11日,孙中山病情进一步恶化。汪精卫根据孙中山的意思,起草了两份遗嘱,一份是政治遗嘱,一份是家事遗嘱,此后他将两份遗嘱呈给孙中山,孙科把钢笔递给孙中山。但此时,孙中山连签字的力气都没有了,宋庆龄于是含泪托着孙中山的手腕让他签字。孙中山所写的字虽然腕力很弱,但"孙文,3月11日补签"几个字却非常清楚。当时一起见证遗嘱签字的有宋庆龄、孙科、汪精卫、孔祥熙、戴季陶等多人,他们一一在遗嘱上签字。"国父签名之政治遗嘱和家属遗嘱,经宋子文、孙科、孔祥熙、邵元冲、戴恩赛、吴敬恒、何香凝、戴季陶、邹鲁等依次签字,署名证明。"①签完国事、家事遗嘱后,陈友仁将《致苏俄遗书》呈给孙中山,由宋子文念了一遍,孙中山听后,用英文签上了名字:Sun Yat-sen。在遗嘱上签字后,孙中山对身边的人说道:"我这回放弃革命根据地的广东,来到北京,是为谋和平统一的。我所主张统一的方法是:开国民会议,废除不平等条约,实行三民主义和五权宪法,建设一个自由平等的新国家。现在为病所累,不能痊愈,以致主张未能达到!生死本不足惜,但是数十年为国民革命所抱定的主义不能完全实现,这是不能无遗憾的!我希望各位同志努力奋斗,使国民会议早日开成,不平等条约即得废止,达到实行三民主义和五权宪法的目的,那么,我死了也是很瞑目的!"

3月12日凌晨,戴季陶接到通知,说孙中山病危,他立即赶到东城铁狮子胡同5号行辕孙中山的病床前。这时孙中山不住地喘息,已不能进食,不能讲话。上午9点,一代伟人孙中山永远地闭上了眼睛。戴季陶痛心疾首,嚎啕大哭,他写了一副挽联:继往开来,道统直承孔子;吊民伐罪,功业并美列宁。②

情深义重　追思缅怀

戴季陶从1912年起,一直担任孙中山秘书,到孙中山病逝为止,他的秘书

---

①　罗刚编著:《中华民国国父实录》,(台北)正中书局,1988年,第5020页。

②　时希圣编:《戴季陶言行录》,上海广益书局,1929年,第226页。

生涯长达十多年。他和孙中山朝夕相伴,感情甚是笃厚。在戴季陶的心中,孙中山先生是他的良师益友,对他赏识有加,并不断地提携和重用,是他命中的大贵人,堪称真命天子,可谓恩重如山。孙中山也离不了戴季陶。在上海时,有一段时期,戴季陶想到美国去读书,跑去请孙中山同意,孙中山说都这么大岁数了,还要读什么书,说着拿出一块银圆给他,"这你拿去

图 5-8　高山仰止——中山陵

做学费吧",戴季陶说,孙先生开玩笑了,孙中山说,"你到虹口去看一次电影好了"。足见两人关系亲密。

孙中山先生逝世后,戴季陶只要一想起他在孙中山身边的点点滴滴,就忍不住十分伤感,他对孙中山做了深切的追思。戴季陶在孙中山逝世当天,写了一篇叫《孝》的文章,说孙中山是孔子之后中国正统文化思想传承的第一人,提出:"我们凡是接受先生主义的人,应该很诚意地对先生尽孝。"①国民党元老胡汉民对戴季陶把孙中山和孔子相提并论的做法很不认同,曾针锋相对地讲过:"以孔子、释迦来比附孙中山先生是腐化。"②戴季陶不以为然。

1930 年代,为表达对孙中山的怀念和追思,曾任中山大学校长的戴季陶,以中山大学全体师生的名义,在孙中山的陵寝中山陵陵前的广场上捐资铸造了一个紫铜宝鼎,即孝经鼎,此鼎高 4.67 米,腹径 1.33 米,重达 5 000 公斤。这个宝鼎的一面是中山大学的校训"智、仁、勇"三个大字,另一面为"思、孝、仁、爱、信、义、和、平"八个大字,鼎内有一块六角形的铜牌,刻着戴季陶母亲黄

---

① 陈天锡编:《戴季陶先生文存再续编》,(台北)商务印书馆,1968 年,第 653 页。
② 朱传誉主编:《戴季陶先生传记资料》第 4 辑,(台北)天一出版社,1985 年,第 296 页。

老夫人手书的《孝经》全文,这说明戴季陶与他的长辈都非常尊重孙中山。
"智、仁、勇"是孙中山先生对革命军人的要求,他要求革命军人必须区别于一
切为军阀卖命的旧式军人。1921 年 12 月 10 日,他在桂林对滇、赣、粤军团级
以上军官所作的《军人精神教育》的讲话中,就阐明了革命军人必须具有"智、
仁、勇"的精神。"智",即要求军人能够明辨是非,知道为什么打仗,为谁打仗;
"仁",要求革命军人具有强烈的爱国心,能够为国尽力;"勇",是要求革命军人
具有敢于为国家、为民族牺牲和"成功、成仁"的决心。后来,"智、仁、勇"成为
国民党人追求的一种高尚的精神。"忠、孝、仁、爱、信、义、和、平"八个大字,则
是孙中山在《三民主义》中提出的中国人的传统八德。总而言之,一座小小的
宝鼎反映了孙中山思想的精华。

图 5-9　孝经鼎

　　孝经鼎由张镛森设计,当时的金陵兵工厂(现南京晨光集团)铸造,造价 1.3
万元。鼎台则由当时的总理陵园(即今中山陵园)工务组一位名叫夏行的工务
助理员设计,台基为八角形,高 3 米,分为三层,最底层直径 16 米,钢筋混凝土铸
成,表面镶以苏州花岗石,四周筑石栏,造价 2.17 万元,也由中山大学全体师生
捐建。石台下面约 3 米深的地基中,还埋藏着一只小石匣子,匣子内又装有一只
小铜箱,箱内藏着在南京的中山大学师生所恭录的孙中山先生全部遗教,箱面
上还刻有戴季陶亲笔所书"总理遗嘱"四个字。不论是鼎、鼎台,还是遗教盒,都
寄托了戴季陶与中山大学全体师生对伟人孙中山先生的敬仰与追思。

第六章

"戴季陶主义"与孙中山

1925 年孙中山逝世以后,戴季陶积极地为他的把兄弟蒋介石出谋划策,一步一步帮助蒋走上了权力的最高峰。戴季陶作为孙中山多年的秘书和忠实的追随者,原本和孙中山关系密切。他得到孙中山的允许,让他把三民主义编撰成书,这成了他手中的尚方宝剑,并由此而歪曲了孙中山的三民主义,背离了联俄、联共、扶助农工三大政策,还乘机抛出了所谓的"戴季陶主义"。"戴季陶主义"成为国民党右派反共分共的理论武器,戴季陶从而一跃成为国民党的首席"理论家"。南京国民政府成立以后,戴季陶历任要职,在国民党的意识形态领域占据了重要的地位,对国民党许多重大问题的决策都产生了较大的影响。1949 年,国民党山穷水尽,戴季陶突然去世。

一 中国国民党首席"理论家"

炮制理论 反共先锋

1925 年 5 月 18 日至 25 日,为继承孙中山遗志,国民党中央先在北京后移至广州召开了一届三中全会。在这次会议上,通过了对党、军队、军校的训令,重申了国民党二中全会容纳中国共产党员的训令,再次肯定接受共产党的政策,会议还通过了对外反对帝国主义,对内反对封建军阀的时局宣言。此时,戴季陶虽然没有明确提出反共分共的言论,但他从自己所一贯主张的党派利益角度出发,强调国民党的独占性和排他性。在这次会议上,他提出了《接受总理遗嘱宣言》。在这个宣言中,戴季陶以孙中山的捍卫者和追随者自居:

"吾人虽处哀悼悲痛之中,而总理伟大之精神主义遗嘱已遗授于吾人。吾人不惟不因总理长逝,而丧失国民革命之勇气,且秉此对于总理伟大之精神主义遗嘱之信心,如日之明朗。照吾人革命胜利之前途,总理所遗未竟之工作,即吾人所完全继承之重大责任","吾人今日唯一之责任,则在完全接受我总理之遗嘱。自今而后,同德同心,尽吾人之全力,牺牲一切自由及权利,努力为民族平等、国家独立而奋斗,以竟总理未竟之志"。他还说:"我中华民国之国民,凡能接受我总理之主义政纲,以从事于国民革命之工作,而为国家及民众谋福利者,皆为吾人所敬爱之同志,吾人誓以至诚与之结合,以共同致力于革命的建设事业之实现。"但是,他话锋一转,便提出了用"纯正的三民主义"思想来建立国民党的"最高原则",对三民主义任何人"不得有所独创"。这一观点的本质是反对新三民主义,从而引起中国共产党员和国民党左派的强烈反对。由于戴季陶以接受总理遗嘱宣言的名义发表言论,从而产生了很大的欺骗性和迷惑性,这个提案最终还是被通过了。会后不久,还通过了举办"总理纪念周"活动的训令,国民党中央要求国民党各级党部"每逢开会时,应先由主席恭诵总理遗嘱,恭诵时应全场起立肃听"。1926年国民党"二大"之后,国民党中央常务会议又通过决议,要求各级党部及国民政府所属各机关、各军队均应于每星期举行"纪念周"一次,国民党中央执行委员会以建国粤军总部的"纪念周"条

图6-1　1925年7月1日,中华民国国民政府在广州成立,戴季陶当选为委员

例为蓝本,制定了《总理纪念周条例》8 条,对"纪念周"的组织、程序和纪律要求做出具体规定,"总理纪念周"活动走上常规化。

《接受总理遗嘱宣言》通过后,戴季陶大受鼓舞,不久就炮制了《孙文主义之哲学基础》《国民革命与中国国民党》两本小册子,形成饱受诟病的"戴季陶主义"。在《孙文主义之哲学的基础》这本小册子中,戴季陶从他自己的角度叙述了他所认为的孙中山先生的"几种最重要的书",即《民权初步》《孙文学说》《军人精神教育》《三民主义》《实业计画(划)》等。他在这几本书里断章取义,曲解新三民主义学说,攻击马克思主义学说,反对阶级斗争。戴季陶认为孙中山所主张的民生主义不同于共产主义,"民生主义与共产主义在哲学基础上完全不同,共产主义是很单纯的以马克思的唯物史观为理论的基础,而民生主义是以中国固有之伦理哲学的和政治哲学的思想为基础","民生主义与共产主义在实行的方法上完全不同,共产主义以无产阶级之直接的革命行动为实行方法,所以主张用阶级专政,打破阶级。民生主义是以国民革命的形式,在政治的建设工作上,以国家的权力,达实行的目的,所以主张革命专政,以各阶级的革命势力,阻止阶级势力的扩大,而渐进地消灭阶级"。他认为:"就是俄国的革命,并不能证明共产主义的成功,实足以证明三民主义的成功。"戴季陶反对阶级斗争,他说:"阶级的对立,是社会的病态,并不是社会的常态,这一种病态,既不是各国都一样,所以治病的方式,各国也不能同,中国的社会,就全国来说,既不是很清楚的两阶级对立,就不能完全取两阶级对立的革命方式,更不能等到有了很清楚的两阶级对立才来革命,中国的革命与反革命势力的对立,是觉悟者与不觉悟者的对立,不是阶级的对立。"他鼓吹所谓各阶级为革命联合的国民革命,反对以马克思唯物史观为基础的阶级斗争学说。[①]

戴季陶在《国民革命与中国国民党》导言中,明确提出了国民党对国民革命领导权的独占性和排他性,宣扬国民党要对领导权处于支配地位,他说:"凡

---

① 桑兵、朱凤林编:《中国近代思想文库・戴季陶卷》,中国人民大学出版社,2014 年 4 月,第 412 页。

是一个主义,必定具有独占性和排他性,同时也一定具有统一性和支配性,假如这种性质不具备,这一个主义,一定生不出信仰,生不出力量","信奉一个主义的团体,更是如此。假如这一个团体,没有具备独占性和排他性,统一性和支配性,一定这一个团体,是没有主义的团体,是没有生存欲望的团体","独占性是统一性的基础,排他性是支配性的基础"。① 他赤裸裸地指出:"要图中华民国的生存,先要图中国国民党的生存,要图中国国民党的生存,一定要充分发挥三民主义的中国国民党之生存,一定要充分发挥三民主义的中国国民党之生存欲望所必须具备的独占性、排他性、统一性、支配性。"②戴季陶在小册子中,提出了他心目中的中国国民党,他说:"中国国民党,是信奉中华民国创造者孙中山先生所主倡之三民主义,为最高原则。""中国国民党的目的,是在遵照孙先生所定的军政时期、训政时期、宪政时期三个程序,运用政治的权力和方法完成下列几件事,完成国家的独立民族的平等,改造中国的政治打造完整的国家组织,改造中国的社会图人们的食衣住行育乐等生活需要之均等,满足国民文化世界的发展。"戴季陶说国民党的中心思想是所谓纯正的三民主义,与阶级斗争论是不相容的;国民党的政策,在阶级斗争中,不应当帮助工人反抗资本家,只应当"诱发资本家仁爱的性能",以消弭阶级斗争,他还指出了"中国国民党的两大病",即左倾与右倾,而"唯一的救济法便是——一方面劝右派赶紧做诱发资本家仁爱的性能的工作,以保护中国的资本主义,使它不至于为工人阶级所推翻;别方面不准左派到民众中去指导阶级斗争(因为非得到国家的自由民族平等,便甚么问题都无从说起)",同时,他还要让"单纯的国民党员"到工人中去做"诱发工人仁爱的性能"的工作,如广州的马超俊、北京的杨德甫、上海的王光辉等。在所谓的"告 CP③ 和 CY④ 的人们""中国国民党与

---

① 戴季陶:《国民革命与中国国民党》,中国文化服务出版社,1941 年 8 月,第 1 页。

② 桑兵、朱凤林编《中国近代思想文库·戴季陶卷》,中国人民大学出版社,2014 年 4 月,第 446 页。

③ CP 即中国共产党。

④ CY 即中国共产主义青年团。

CP 的寄生政策""CP 和 CY 的青年心理""为什么
要联俄"等章节中,他明确提出中国共产党在中国
国民党内寄生,以图自身的发展,认为这种寄生削
弱了中国国民党的力量。因此,戴季陶主张确立
所谓的"纯正的三民主义"为国民党的最高原则,
建立一个纯粹的国民党,整肃国民党的旧风气,使
国民党在革命领导权中取得绝对的领导权,宣扬
"单纯的国民革命",同时,他还反对孙中山的联共
政策,强调参加国民党的共产党人,一定要放弃共
产主义信仰,他认为共产党人加入国民党,是借中
国国民党的躯壳发展本身组织,严重地制约和影
响了国民党的生存。

图 6-2 戴季陶在国民革命时
期的戎装照

　　《孙文主义之哲学的基础》和《国民革命与中
国国民党》两个小册子的发表,标志着"戴季陶主义"的形成。两本小册子发表
后,戴季陶俨然成为孙中山思想研究的权威,成为国民党内继孙中山之后创立
主义的理论家,他反共分共的理论,得到国民党右派的热烈欢迎。胡汉民说
"戴氏之著作系极忠实的研究成绩",①邵元冲在广州《民生日报》上发表文章,
为戴季陶的著作鼓吹呐喊,说戴季陶所讲的"句句都是我想说的话",国民党右
翼代表人物邹鲁等人把戴季陶的两个小册子大力宣传、广为分发,许崇智把戴
季陶的这两本小册子印发给粤军全体军官阅读,一时,戴季陶的书成为黄埔军
校、中山大学以及军队的必读教材。"戴季陶主义一出笼,就受到了国民党新
老右派的欢迎,成为他们的'指路牌',并实际上成为蒋介石集团反革命活动的
精神支柱。戴季陶主义给蒋介石集团批上一件合法的外衣,以便其在维护三
民主义,维护国民党正统地位的旗帜下进行反革命活动,为疯狂镇压共产党和
工农群众的革命运动寻找理论根据。戴季陶和蒋介石,一个是新右派的理论

---

　　① 张玉法主编:《中国现代史论集》,(台北)联经出版事业公司,1982 年,第 116 页。

炮制者,一个是新右派的首领和反革命活动的组织者,蒋介石的许多讲话,都是从戴季陶反动理论中搬出来的。"[①]"戴季陶主义"的出炉,可谓恰逢其时,它迎合了蒋介石为首的新右派政治斗争的需要,为蒋介石日后发动"中山舰事件"、提出"整理党务案",以及进行"四一二"反革命政变提供了理论依据。

"戴季陶主义"提出时间早,有首创性、原创性、理论性等鲜明特点,构建了国民党的政治文化体系,成为日后南京国民政府政治思想的宣传源头。"戴季陶主义"也产生了较为深远的影响。"戴季陶主义"促进了国民党新老右派在思想上的联合。"戴季陶主义"一经抛出,不仅得到邹鲁等国民党老右派的高度认同,也得到了蒋介石为首的新右派的大力追捧,成为国民党右派反对联俄联共、分裂国民党的思想理论武器,所奉行的"纯粹三民主义"的"最高原则",实质就是攻击共产主义、排斥共产党。"戴季陶主义"迎合了国民党右派争夺革命领导权、排斥共产党的需要,促进了以蒋介石为首的国民党新右派的形成,也促进了国民党老右派的反革命活动,在实际中加速了分裂了国民党、排斥共产党的步伐,对革命运动产生了极大的破坏作用。戴季陶的著作被一些国民党右翼代表人物奉为最高理论,孙科、于右任等人说戴季陶为"反共先锋""反共最早、决心最大"

图6-3 国民政府会议合影,前排右三为戴季陶

"办法最彻底"。"戴季陶主义"的抛出,顺应国民党分裂共产党的需要,戴季陶因此也被国民党右派吹捧为"首席党国理论家",国民党首席"理论家"就此

---

① 申德成:《戴季陶主义浅谈》,《传承》,2008年第6期。

养成。

戴季陶不仅从理论上为国民党右派摇旗呐喊,国民党"二大"以后,还积极给蒋介石出谋划策,以让其把兄弟早日控制全国军政大权。1929年,宋庆龄在国际反战日给柏林世界反帝大同盟发电,斥责南京政府和帝国主义沆瀣一气,蒋介石大怒,命戴季陶去上海劝说宋庆龄到南京,戴季陶夫妇遂和宋庆龄有了一席不欢的相聚,宋庆龄当时就对戴季陶表示:"再来谈话也是没用的了,我们之间的鸿沟太深了。"①

饱受诟病 "二大"受挫

"戴季陶主义"一经推出,就遭到了陈独秀、瞿秋白、毛泽东等中国共产党人的猛烈批判。1925年9月,瞿秋白发表《中国国民革命与戴季陶主义》一文,文章一开始,瞿秋白就指出:"最近国民党中发现'戴季陶主义'的运动:理论上是所谓建立纯粹三民主义的中心思想,实际上是反对左派,反对阶级斗争,反对C. P.的跨党,甚至反对C. P.的存在之宣传。"他从理论上、政策上、组织上几个方面,驳斥了"戴季陶主义"的荒谬之处。瞿秋白一针见血地指出:"戴季陶的思想及主张完全是要想把国民党变成纯粹资产阶级的政党,而且尽力要把各阶级的革命分子吸收去,使他们都变成季陶派——资产阶级的民族主义者。""这一阶级在中国还很幼稚,而且一部分还没脱离他们的买办出身,所以还说不上是一种革命力量,还没有变成独立而且集中的政治势力之可能。"戴季陶因此对瞿秋白恨之入骨,曾说:"对这个肺病鬼对我的攻击,我不去理他。"②瞿秋白被捕后,戴季陶坚决要求蒋介石处决他。

陈独秀发表了《给戴季陶的一封信》,恽代英批评戴季陶"是抛了革命精神而把孙先生弄成菩萨一样"③,萧楚女、施存统等共产党人也分别发表文章,对戴季陶的谬论予以严厉驳斥。周恩来曾说,"蒋介石变为新右派,其灵魂便是

① 宋庆龄:《宋庆龄选集》上卷,人民出版社,1992年,第80页。
② 夏衍:《懒寻旧梦录》,三联书店,1985年,第110页。
③ 恽代英:《恽代英文集》,人民出版社,1984年,第753页。

戴季陶"①,周恩来还说:"右派中最危险的一个家伙就是戴季陶。""他从思想上大力发展了孙中山的消极方面,写了《孙文主义之哲学基础》《国民革命与中国国民党》,完全抽去了孙中山学说中的一切革命的东西。"②中共北方区委还专门做出《关于反对戴季陶主义的决议》。

中国共产党人对"戴季陶主义"的批判,打击了国民党右派的嚣张气焰,使人们认识到"戴季陶主义"的本质,激起了大家对"戴季陶主义"的愤慨。广州、北京、武汉等地进步群众,愤怒地烧毁戴季陶的小册子,并斥责戴季陶是"新右派"的头目。戴季陶后来也承认说,由于"共产党的人一致对这本小册子下总攻击",国民党中许多人"亦复一样对这本小册子下总攻击",使他及其同伙"一半是忍泪吞声,一半是委曲求全",他的"这本小册子在当时竟不能收圆满的效果,不能引起同志们回心转意,造成真实的三民主义的信仰"。

"戴季陶主义"提出后,遭到国民党左派和中国共产党人的一致反对,由于当时革命的力量还很强,右派的势力遭到了打击。1925年7月,大元帅大本营改组为国民政府,汪精卫当选为国民政府主席,胡汉民为外交部部长,廖仲恺为财政部部长,国民党左派掌权。戴季陶被选为国民政府委员,但他并不甘心,在上海设立了所谓的"戴季陶办事处",取代国民党上海党部,很快就成为国民党右派的活动据点。8月20日,著名的国民党左派领袖廖仲恺在广州中央党部门前被右派分子暗杀,即震惊中外的"廖案"。廖仲恺被刺后,国民党左派和中国共产党人非常愤慨,左派实施戒严,蒋介石乘此机会率黄埔军逮捕右派粤军领袖许崇智等人,将粤军整体编入黄埔军中。

国民党右派领袖林森、邹鲁等人从广州来到上海,和戴季陶策划分裂国民党的活动,并决定到北京西山召开会议。邹鲁说:"到会一部分同志如戴传贤、谢持、叶楚伧、邵元冲先生等,他们对于共产党的阴谋和伎俩,都很清楚。"③11月中旬,戴季陶和叶楚伧、沈定一等人到北京准备出席会议,戴季陶"以孙中山

---

① 周恩来:《周恩来选集》上卷,人民出版社,1980年,第165-166页。
② 周恩来:《周恩来选集》上卷,人民出版社,1980年,第113-114页。
③ 邹鲁:《回顾录》,独立出版社,1944年,第171页。

思想最好解释人与最好继承人自居",并且和吴稚晖等人召开了预备会议,但是他们决定采取缓和的态度,对汪精卫进行劝告,同时邀请李大钊等共产党人进行协商。戴季陶对于共产党采取的是拉拢的政策而不是一刀两断的方式,又引起国民党老右派的严重不满。11月19日上午,西山香云旅社戴季陶的住所来了三辆汽车,数十人手持棍棒见到戴季陶后不由分说,拳棍交加,使戴季陶在猝不及防的情况下,顿时被打得头破血流。打完后,戴季陶被押上汽车,被劫持到菜市胡同37号,这里是国民党右派元老冯自由等开办的同志俱乐部。在俱乐部,冯自由等人硬说戴季陶是共产党,不准他参加西山会议,还要他留下书面声明——"在一定主张下,可以同意会议议决"。戴季陶被迫留下声明后匆匆离开北京。

11月23日,谢持、邹鲁、林森等在北京西山碧云寺孙中山的灵前,召开非法的"国民党一届四中全会"(即后世所称"西山会议")。出席会议的有国民党中央执行委员叶楚伧、居正、沈定一、邵元冲、石瑛、邹鲁、林森、覃振、石青阳,候补国民党中央执行委员茅祖权、傅汝霖,国民党中央监察委员张继、谢持共13人,林森、邹鲁分别担任会议主席。会议宣布取消共产党员的国民党党籍,开除共产党人谭平山、李大钊、毛泽东等的中央执行委员会委员和候补中央执行委员职务,通过了所谓的《取消共产党员的国民党党籍宣言》《开除国民党中央执行委员共产党人李大钊等通电》《取消政治委员案》等决议。西山会议派的分裂行为,引起了国民党左派和共产党人的强烈愤慨。1926年1月1日召开的国民党"二大",通过了《弹劾西山会议决议案》和《处分违犯本党纪律党员决议案》,决定开除西山会议首要分子邹鲁、谢持的党籍,给予居正等12人警告处分,对于惹起党内纠纷的戴季陶,鉴于其未参与西山会议,决定由"大会予以最恳切之训令,促其猛省,不可一误再误",并"禁止三年不得作文字"。①

戴季陶此前已经被宣布解除一切职务,并在老家浙江湖州养病,虽没有出

---

① 中国第二历史档案馆编:《中国国民党第一、第二次全国代表大会会议史料》上册,江苏古籍出版社,1986年,第449、285页。

席国民党"二大",但"经邓演达调解"和"蒋介石、汪精卫帮助",又当上了国民党中央执行委员。戴季陶当上国民党中央执行委员后,仍然不满意,他公然为邹鲁、谢持等西山会议派领袖鸣不平,说谢持是"中华革命党以来最忠实之党员",不应该把他们永远党籍除名,也不应该把西山会议派的分裂行为看作"罪恶的行为"。他对"禁止三年不得作文字"的惩罚表示非常不满,认为这就是要了他的命,让他无法用笔作武器反对共产党。

二 "戴季陶主义"对南京国民政府意识形态的影响

20世纪20年代在国民党内被称为主义的,只有孙中山的"孙文主义"和戴季陶的"戴季陶主义",由此可见"戴季陶主义"在中国近代史上所产生的深远影响。在某种程度上,甚至可以说,"戴季陶主义"是南京国民政府的主流意识形态,南京国民政府是"戴季陶主义"的意识形态国家机器,戴季陶也因之被称为国民党的"文胆"。当年的戴季陶是蒋介石最为倚重的人物之一,蒋介石曾说,"不能须臾离兄"。① 当然,在历史实践中,由于本身的局限性和天然的劣根性,南京国民政府的很多做法都和戴季陶提出的政治理念背道而驰。一方面,"戴季陶主义"对国家建设方面的一些想法,在当时的历史条件下,具有一定的进步性;另一方面,帝国主义压迫严重,中国资本主义发展还不成熟,封建势力十分强大,戴季陶的很多"理想"只能是镜花水月,无法实现。即便如此,"戴季陶主义"打着孙中山的旗号,还是在南京国民政府时期的意识形态领域产生了重要的影响。

图6-4 戴季陶(右一)和国民党元老

① 文化研究社:《中国五大伟人手札》,大方书局,1940年再版,第259页。

从哲学思想上来看,戴季陶建立了所谓的孙文主义之哲学的基础,虽然他曲解了孙中山的本意,但毕竟从哲学的角度完成了对三民主义的诠释。戴季陶在《孙文主义之哲学基础》一书中,对《民权初步》《孙文学说》《三民主义》等5种最重要的著作加以评述,说孙中山在受了辛亥革命"假成功"和二次革命"真失败"的教训后,认为知易行难是阻碍中国革命的主要障碍,所以创立了知难行易的革命学说,这有两层意思,一层是"能知必能行",一层是不知亦能行,行易知难就是孙中山革命学说的哲学基础,革命者认识革命的意义就是求知的过程,这是革命的基础,国民大众学习科学,是国家社会进步的基础,革命者必须要联合国民大众一起,进行国家和社会革命才能成功。接着,他又对行易知难的革命学说进行了诠释,解释了什么是"行"和如何"行",他说:"先生全部的思想,可以用几句简单的话来完全表明他,就是'天下之达道三,民族也,民权也,民生也,所以行之者三,智也,仁也,勇也,智仁勇三者,天下之达德也,所以行之者一也,一者何? 诚也,诚也者,择善而固执之者也'。"他认为孙中山的思想,可以分为"能作"和"所作"两个部分,"能作"是道德的部分,"所作"是政治的主张,如果没有民族的自信力即"能作"的自信力,一切"所作"就无从谈起。"人是要生存的人,人要生存,要发展生存,才有经济的要求,要满足经济的要求,才有政治的要求,生存的欲望,是人生一切欲望的基础。"因此,"能作"的力量,是"所作"的基础。戴季陶在这本书中把孙中山的三民主义和共产主义做了对比,认为两者的哲学基础完全不同,共产主义以马克思的唯物史观为基础,三民主义以中国传统的伦理哲学和政治哲学为基础,他鼓吹所谓"仁爱"学说,认为仁爱是"革命道德的基础",中国"一切都要以仁爱为主"。

戴季陶说,孙中山的思想完全是中国的传统思想,国民革命是在文化复兴基础上,实现中国文化的世界价值,从而达到世界大同,孙中山主张的国民革命,是联合各阶级的革命。为了完善他的哲学体系,戴季陶还制定了民生主义哲学系统表,就这样,从哲学逻辑体系上,戴季陶完成了他个人所认为的孙中山主义的解释工作。他的这套哲学理论,成为蒋介石为首的新右派攻击共产党人的思想武器,蒋氏因此以所谓"孙中山思想继承者"的身份自居,堂而皇之地窃取了最高领导权。南京国民政府成立以后,"戴季陶主义"的孙中山哲学被奉为经典,成为南京国民党政权的重要理论工具。蒋介石在中央政治学校训话时曾说:"大家对戴季陶先生所著的这一本书(《孙文主义哲学之基础》),务要仔细读过……这是我们成功立业、革命建国的基础,大家不可不注意研究。"①

但是,戴季陶所谓的哲学基础有着很大的局限性和荒谬之处。他攻击马克思主义是空想社会主义,认为马克思的唯物史观能够说明阶级斗争的社会革命,但不能说明各阶级为革命而联合的国民革命,只有孙中山的民生哲学,才是中国国民革命的最佳理论。同时,他宣传阶级斗争调和论,否认中国社会的阶级斗争,他认为"中国革命势力与反革命势力的对立,是觉悟者与不觉悟者的对立"。这就完全漠视了帝国主义压迫与中华民族要求独立自主的矛盾,工农群众受到封建阶级、资产阶级剥削的矛盾这两大社会主要矛盾。而历史的实践证明,只有马克思主义才是最适合中国革命的政治学说。

从政治思想上来看,"戴季陶主义"排斥共产党,鼓吹政党的排他性,他提出了建立所谓"超阶级的三民主义的民国"。戴季陶在《国民革命与中国国民党》这本小册子里,篡改歪曲了孙中山先生的三民主义思想,提出所谓的"纯粹的三民主义",标榜纯正的三民主义是国民党的中心思想,提出了中国国民党的最高原则"是信奉中华民国创造者孙中山先生的三民主义","我们中国国民党,是三民主义的政党,无论何种派别的思想者,一定要有了信仰三民主义的觉悟和决心,才可以来做中国国民党的党员,才是真正忠实的中国国民党党员"。他攻击马克思主义的唯物史观,认为唯物史观不能解决中国国民革命的问题。他鼓吹国民党的独占性和排他性,反对孙中山联俄联共的政策,攻击中国共产党,以中国国民党的生存发展的名义,分裂国共合作,妄图实现国民党对中国革命领导权的独占性和支配性。他还诬蔑中国共产党集体加入中国国民党,是一种寄生政策,"是借中国国民党的躯壳,发展他们自身的组织","凡是高级的干部,不可跨党","必须把三民主义认为唯一的理论,中国国民党认

---

① 蒋介石:《蒋委员长言论类编·教育文化言论集》,正中书局,1941 年,第 40 - 41 页。

为唯一的政党","国民党员,要以特殊的团结,深刻的觉悟,严密的训练和组织"来对付国民党内"很坚固而秘密的 CP 和 CY 的小团体"。戴季陶主张建立资产阶级共和国,他认为中国共产党所主张的阶级斗争学说和共产主义不适合中国的国情,无产阶级专政在中国行不通,在中国不存在阶级斗争,中国的国民革命要奉行三民主义,三民主义的本体是民生主义,要建立一个超阶级的"三民主义的共和国",由全体民众掌握国家政权,国家人民共有,政治人民共管,但是由于民众的觉悟还不够,是"昏百姓",因此要由中国国民党来领导,经过军政、训政、宪政三个时期,只有经过了这几个时期,民众才会对民主政治有足够的觉悟,有足够的能力来参与政治,这也是一个让民众了解民权、使用民权、普及民权的过程。戴季陶力图消除马克思主义对青年学生的影响,强调中国和苏联的国情不同,认为中国的产业基础太差,不具备苏联社会主义革命的基础,"不能拿俄国社会革命的口号来用"。[1] 他说:"劝迷信共产主义的青年们抛弃那一种错误的思想行为来做心口如一的三民主义信徒。"[2]

南京国民政府成立以后,戴季陶极力美化蒋介石的反革命行为,吹捧蒋介石"为了保持继续总理的事业,能够不怕死,而刻刻努力,立己立人"。"从各方面为南京政府涂脂抹粉,要求各界讲求现实与蒋介石合作。他还在《过去的回顾》一文中,洋洋 8 万余言,站在蒋介石反动派的立场上,全面系统地总结了第一次国内革命战争的经验教训,为蒋家王朝的反动统治规划蓝图。"[3]

"戴季陶主义"在其后期,发展成为封建法西斯主义,代表着大地主和大资产阶级利益,他成了蒋介石政权的帮凶和走狗,"与蒋介石沆瀣一气,大力推行和贩卖封建的法西斯主义,为蒋介石反革命政权摇旗呐喊、寻找注脚"[4]。戴

---

① 戴季陶:《戴季陶先生最近讲演集》第 1 编,国立中山大学事务管理出版部,1927 年,第 30 页。

② 戴季陶:《青年之路》,上海民智书局,1928 年,第 65 页。

③ 许红霞、李红河:《蒋介石和戴季陶之政治关系探察》,《吉林师范大学学报》,2006 年 6 月第 3 期。

④ 马佩英:《戴季陶政治思想论》,《史学月刊》,1997 年第 3 期,第 60 页。

季陶鼓吹的法西斯主义,核心内容是鼓吹"一个主义、一个政党、一个领袖",以三民主义的名义反对共产主义和资产阶级民主主义,以"一个政党"的名义实行国民党一党专政,反对中国共产党和其他民主党派,以"一个领袖"的名义实现蒋介石的独裁统治。蒋介石的法西斯主义理论,是以"戴季陶主义"为基础的,蒋介石就曾宣称"我们研究总理的主义,要从那里起首,就要先看孙文主义之哲学基础"。由此可见,戴季陶的政治思想对蒋介石为首的国民党实权派意识形态影响颇深。

从法律思想上来看,戴季陶的法律思想在当时有一定的进步意义。早在1905—1909年留学日本期间,戴季陶就专攻法律,有比较专业的法律知识和法律思维。不过,早期戴季陶的思想倾向于二元君主立宪制,1909年到1910年8月,戴季陶发表了10多篇文章,"综观这些文章,我们可以发现,戴季陶比较倾向于二元君主宪政"。①1910年8月,由于二元君宪政治弊端丛生,戴季陶政体思想发生了重大变化,转向议会君宪政治。到1910年年底,戴季陶转向了民主共和宪政。如他在《中华民国与联邦组织》一文,提出在中国建立联邦宪政,"戴季陶的联邦宪政思想在近代中国联邦宪政思想体系中有着举足轻重的地位,也可谓有承前启后的作用","戴氏将联邦制主张作为反专制反独裁的思想武器,得到了先进知识分子和广大群众的支持,促进了民主宪政思想的传播和推动了当时中国的民主政治建设"。②

戴季陶特别重视宪法的地位和作用,指出:"夫宪法即为国家之根本法,而一切国家机关之组织与乎机关职权之规定,皆一以宪法之所定为准则。"如果说联邦宪政制是戴季陶所鼓吹的国体,那么"五院制"就是戴季陶所鼓吹的政体。孙中山的五权宪法理论对戴季陶产生了巨大的影响,他对此非常认同,并进一步丰富和深化了五权宪法的内涵。南京国民政府建立后,戴季陶雄心勃勃,"承中国固有制度之精神,采取各国特长,适应现代需要,以立完美良备之

---

① 刘利民:《二十世纪初戴季陶宪政思想初探》,湖南师范大学硕士学位论文,2002年5月。

② 刘灵香:《戴季陶联邦宪政思想研究》,湖南大学硕士学位论文,2016年5月。

政制"。戴季陶不遗余力地维护孙中山"五权宪法"的建国政纲,致力于建设和维护五院制度,重点是建立了比较完善的考试法律。"战争前,考试院的各项考选基本法规整齐划一,条理周密,程序也比较繁琐。""战时,戴季陶领导的考试院也对高等考试、普通考试进行了变通。"不仅如此,戴季陶还十分重视官员的保障体制,1934 年他主持制定了《公务员恤金条例》。后来,又在此基础上,主持制定了《公务员退休法》《公务员抚恤法》,并草拟了《公务员保险法草案》。科班出身的戴季陶,对南京国民政府的法律体系的建设可谓功不可没。他所继承和深化的"五权宪法"思想,成为南京国民政府的立国之本,开启了中国近代民主宪政的先河,在他的竭力推动下,南京国民政府组成了五院制的中央组织架构,他主持制定了考试法等一系列法律法规,不仅在国民党法律意识形态上占据了重要的地位,而且对近代中国的法制建设影响深远。

从经济思想上来看,"戴季陶主义"宣传民生主义,把三民主义的哲学说成是包含在民生主义之中。把孙中山的理论归结为民生哲学,又把民生哲学归结为人的动物本能。戴季陶认为孙中山主义的核心就是民生主义,它是"孙中山一生伟大创作的本体","先生一生的精神,全部是注在民生主义"。戴季陶认为"中国的经济问题,是以生产问题为主要部分,而及于分配问题,不是像生产已经过量发达的国家,以分配问题为主要部分,而后及于生产问题"。他还把经济问题作为攻击共产主义的武器:"共产是要共有,不是要共无;是要共富,不是要共贫。""像我们中国今天这样,甚么新的产业组织都没有,我们去共甚么? 照主义的产共了起来,于国民经济有甚么好处? 而且技能和材料幼稚至于如此,缺乏到如此,拿甚么作共产的条件?"由此可见,戴季陶所主张的,是建立资本主义生产方式,反对共产主义。事实上,戴季陶延续了他早期"实业救国论"等发展经济的观点,"欲图经济之发达,资本与物产是也。物产不发达,资力绝不能扩充,然资力不发达,物产更无从促进,此二者互为因果者也","吾国之同业者,苟欲于世界之工商战场中占一位置,则固不能不以集资主义为唯一之政策、唯一之商略也"。① 戴季陶认为资本主义制度是浪费的制度，而协作制能减少浪费，但他反对阶级斗争，主张用温和的协作制度来取代阶级斗争，他在《协作社的效用》一文中说："协作制度能培养社员组织的知识，增加社员的社会经济知识，涵养社员互助的道德，对于劳动阶级，能养成团结的战斗力。""戴季陶的合作经济思想有鲜明的局限性，他剔除了马克思主义中革命性的东西，即阶级斗争观点。"②戴季陶所鼓吹的孙中山民生主义，也成为南京国民政府执政的经济思想基础，抗日战争爆发前，南京政府大力发展资本主义制度，在一定程度上推动了中国经济社会的建设发展。

从教育思想上来看，戴季陶教育思想内容丰富，包括女子教育、童子军教育、边疆教育、华侨教育等多个方面。戴季陶非常重视妇女的解放和教育，他说："女子为人类之母，家庭教育之师，国民品行之良莠，人格之高下，皆因母教善否而推移，吾国社会风俗日蔽，推其故，则由于国民教育之不发达，而最大根源，实因家庭教育不振之故。"③戴季陶认为妇女教育跟不上，家庭教育和国民教育都无从谈起，同时妇女教育也是妇女解放的关键，妇女只有受过教育了，才能平等地参与社会活动和政治活动。戴季陶指出："世界进化，文化日增，苟无知识，必难自存。故女学之讲求，即女子生活之所由生。吾常谓今日之女学，宜以尚实为主。当先提倡女子职业，养成各种技术的知识，使现在之女子足以自活，然后再整顿女子普通教育。由渐而进，将来女子之学问知识，自不难与男子并驾齐驱也。"④他的女子教育思想顺应了时代发展的要求。受戴季陶的影响，特别是在宋庆龄、何香凝等其他妇女运动领导者的积极推动下，南京国民政府采取了很多措施，加强了妇女教育。

戴季陶于 1929 年任中央训练部部长，中国国民党童子军司令部归其管

---

① 张绪雄：《浅析戴季陶的"实业救国论"》，《河南广播电视大学学报》，2010 年 7 月第 3 期，第 74 页。

② 蒋玉珉：《合作经济思想史论》，山西经济出版社，1999 年 12 月，第 427 页。

③ 《新女训》，唐文权、桑兵编：《戴季陶集》，华中师范大学出版社，1990 年，第 291 页。

④ 《新女训》，唐文权、桑兵编：《戴季陶集》，华中师范大学出版社，1990 年，第 289 页。

辖。他曾说:"童子军这个制度,是一种很切实的公民教育,我相信办理得好,真可以救中国的衰弱。"①他亲自制定了《中国童子军教育纲领》,确定了"忠、孝、仁、爱、信、义、和、平"的训练最高原则,"童子军教育的目的是:1. 陶冶少年具有优良品格;2. 培养少年成为健全的公民;3. 鼓励少年敬畏神明,效忠国家,发扬民族精神及固有道德;4. 培养少年大同思想,以促进世界和平"。② 在戴季陶的苦心经营下,中国童子军发展了 50 万成员。

戴季陶十分重视边疆教育,他说:"中国贫弱已久矣,不独物质为然,智德尤甚,斯尽骄奢淫堕之恶德所致也。"戴季陶十分重视边疆领袖人物的作用,指出"领袖人物之倡率感化,与干部人才之信仰奉行",以宗教为体、科学为用的方法来教化边民,提高他们的文化素质,"以达到转移风气之目的"③。他很重视教材的编写,"边疆所用之教材,与夫边疆党员训练材料,亦应适应边民心理及地方需要","对边疆文化及民族问题之叙述,尤须审慎将事,更不宜轻易批评宗教思想、风俗习惯之是非,举凡文字语言态度,均须处处留意,不可稍损各民族自尊自爱之心"。他还创办了蒙藏学校,并在包头、酒泉、西宁、康定、大理等地设立分校,为边疆培养政治、商业等各类人才。他的边疆教育思想对国民政府的边疆政策起到了深远的影响,对边疆地区人民提高科学文化素养,发展地方社会经济起到了积极的作用。

在华侨教育思想方面,戴季陶主张通过加强对华侨的历史教育来唤醒华侨的爱国觉悟:"必使其了然于亲爱团结之精神,共谋一切之改良与进步,则唯有推行社会教育,协助学校教育之所不及,以潜移默化之功,收互助同心之效。"④他提出用兴办国学来提高南洋华侨的科学文化素质和历史教育,同时他还重视工商业人才的培养,提高南洋华侨的生存和发展能力。

在国民教育方面,戴季陶指出:"欲图民国国基之巩固,必须振作全国之人

---

① 陈天锡编:《戴季陶先生文存》第二卷,(台北)中国国民党中央委员会,1959 年,第 803 页。
② 陈天锡编:《戴季陶先生文存》第二卷,(台北)中国国民党中央委员会,1959 年,第 822 页。
③ 陈天锡编:《戴季陶先生文存》第七卷,(台北)中国国民党中央委员会,1959 年,第 37 页。
④ 陈天锡编:《戴季陶先生文存》第二卷,(台北)中国国民党中央委员会,1959 年,第 460 页。

心,人心既振,糜习既除,而后可以图国家之富强,国民之安康。"①戴季陶指出中国人体质较弱,精神面貌较差,应当用军事教育的方法来改变,做到"术德并重,文武双修"。为了维护南京国民政府的统治,他提出了三民主义的教育方针,提出了《确立教育方针实行三民主义教育的建设以立救国大计案》,明确了三民主义作为国民教育的基本原则,实质是为根除中国共产党在教育方面的影响。其内容涵盖女子教育、中小学教育、师范教育、体育等各方面。"通过整个计划,矫过去支离灭裂的教育之失,立今后三民主义教育建设之基础。"②他的这一思想为南京国民政府所接受,成为国民党统治时期国民教育的主要内容。

三　戴季陶人生的终点

深谙日本　通晓印度

戴季陶是中国近现代史上一个深谙日本、通晓印度的外交家,在南京国民政府对日本和对印度的事务中,发挥了重要的作用和影响。他谙熟外交礼仪,谈吐得体大方,这都得益于早年孙中山对他的谆谆教诲。戴季陶在潜移默化中跟着孙中山先生学会了外交礼仪。戴季陶的秘书丁文渊回忆,1936 年,他随戴去德国柏林参加世界奥运会,并到欧洲各国进行访问活动。他们从上海乘德国船前往柏林,那时船上头等舱位的各种礼节极为讲

图 6-5　戴季陶遗像

---

①　时希圣编:《戴季陶言行录》,上海广益书局,1929 年,第 23 页。

②　唐文权、桑兵编:《戴季陶集》,华中师范大学出版社,1990 年,第 447 页。

究,譬如,每天起码要换三次衣服,要刮两次胡须,等等,戴季陶从来不需要丁文渊提醒他一句,他每次都是早早准备妥当,一切举止都大方有礼。当丁文渊问戴季陶,你没有去过西洋,怎能对西洋的礼节如此熟悉时,戴季陶就告诉他说,这都是跟孙中山先生学的。

众所周知,戴季陶是一个日本通。早在 11 岁时,就被送进在成都的东游预备学校学习日文,跟着东文学堂的日本教习服部操学习日语,并和一些日本人进行会话交流。不久,赴日本留学,在师范学校学习期间,戴季陶熟读日文古典及近代名著,养成了每天早晨阅读日文报纸的习惯。通过这些语言训练,戴季陶的日文能力达到很高的水平。不仅孙中山夸他,宫崎寅藏和萱野长知也曾说:"戴先生作长篇演说的时候,他的日本话要比我们还说得好。"戴季陶考入日本大学学习法律也相当了得,当时在中国留学生中能考进日本大学的仅占总数的百分之一。戴季陶在大学期间遇到的老师笕克彦,对他影响很大。笕克彦的"神道宪法理论"使戴季陶受益良多,对其早期的宪政思想和法律思想都产生了很大的影响。尤其是,戴季陶在日本留学期间,通过其出色的语言能力,用日文系统地学习了日本的政治、经济、社会、文化等知识,对近代日本有着比较深刻的理解和判断,因此他能写出《日本论》。戴季陶也因此被认为是近代中国对日本最有研究的学者之一。日本学者竹内好称他为中国近代"知日三白眉"之一,另两人为黄遵宪和周作人。

孙中山对日本的主张,对戴季陶的对日思想也产生了较大的影响。1928年,戴季陶写作《日本论》一书,成为近代中国研究日本的一本很重要的经典著作,至今对研究日本问题仍然有一定的参考价值。在这本书里,他重点论述了中国人缺少而日本人较为突出的两个国民特点——尚武及信仰等。1931 年,戴季陶出任国民政府特种外交委员会委员长时,他提出必须要加强军事自卫、坚决反对侵略的观点,日本人的尚武思想进一步演化为军国主义,必然会有吞并中国的野心。他说:"日本是个时怀侵略大陆的岛国,把大陆的霸权掌握在自己手里,这是日本的根本政策。"①同时,他也指出中国必然会取得战争的胜利。

1935 年,戴季陶起草的国民党第五次全国代表大会宣言一字未改地被通过,宣言中,戴季陶明确提出:"如国家已至非牺牲不可之时,自必决然牺牲,抱定最后牺牲之决心,对和平为最大之努力",戴季陶的态度,促使蒋介石下定了坚决抗战的决心。蒋介石在国民党"五大"时说,"和平有和平的限度,牺牲有牺牲的决心","抱定最后牺牲之决心,对和平为最大之努力,期达奠定国家、复兴民族之目的"。

图 6 - 6　与外国人交流中的戴季陶

戴季陶还是一个"印度通",他是国民党内知名的印度事务专家,蒋介石就曾在戴季陶的安排下,亲自到印度出访。人们所熟知的印度著名的"圣雄"甘地,其人其事最早被介绍到中国来,就是出自戴季陶的翻译,甘地原名很长,戴季陶把它简译为"甘地",意思是"敢于从地狱中救世救人",这个意思很恰如其分地体现了甘地的精神,因此这个名字被广为沿用至今。戴季陶认为,"印度与中国,有着相似的历史经历,目前又都在为挽救民族危亡而战斗,印度要求摆脱英国的殖民统治,中国正在抵抗日本的侵略,境遇差不多,厉害相关","所以戴季陶对中印邦交特别重视,并为此做出了自己积极的努力"。② 戴季陶积极策划成立中印学会,印度方面由华裔旅印学者谭云山接洽,泰戈尔亲自负责筹备,中国方面由戴季陶负责筹备。泰戈尔为此亲自向印度领袖甘地请教,甘地听说自己的名字由戴季陶翻译,更加对此事表示支持。1935 年 5 月,在戴季陶的精心筹备下,中印学会在南京成立,蔡

---

① 戴季陶:《日本对华政策与其政治组织》,《新亚细亚》第 3 卷第 1 期,1931 年 10 月 1 日。

② 李娟丽,严雄飞:《抗战时期戴季陶与中印文化交流》,《山东师范大学学报》,1998 年第 3 期。

元培任理事长,戴季陶任监事长。为了加强中印文化交流,戴季陶希望在印度各大学设立中国国学和佛学课程,同时也在中国国内大学设立印度文明史等课程。鉴于戴季陶在中印文化方面的突出贡献,印度方面推举戴季陶担任印度国际大学七位大学护法(相当于大学董事会董事)之一。1924 年,泰戈尔访问中国时,就提出了在印度国际大学设立中国学院的想法,中印学会成立后,不久就在印度国际大学成立了中国学院。印度国大党领袖甘地和尼赫鲁对此非常重视,给予了很大的支持。中印学会对中国学院图书馆的建设给予了很大的帮助,运送了大量的图书到印度,"据报上登载,第一批有 6 万卷"。

1939 年,印度国大党领袖尼赫鲁访问重庆期间,特地拜会了戴季陶,两人共同探讨了中印文化交流的情况。1940 年,戴季陶率领中国国民党代表团访问印度,尼赫鲁对他的到来表示了极大的热情,特地写了一篇叫《一位贵宾》的文章来欢迎他,"戴院长是代表英雄的自由的民族,访问印度可使中印关系更加密切,为了对未来世界的贡献,中印间这种关系太值得重视了。所以对戴院长应予以最诚挚的欢迎"。① 泰戈尔对戴季陶的到来也表示了高度评价,他说:"先生与先生的友谊访印团,光临国际大学,鄙人极表欢迎,先生之光临鄙校,实为中印两国悠久文化重新发生密切关系划另一新阶段。"② 戴季陶访问印度国际大学期间,该校举行了盛大的欢迎会,戴季陶应邀做了"中印两国文化兴衰离合因缘颂"的演讲。戴季陶还专门拜访了甘地,并在他家住了三天,两个人就中印文化交流以及国际问题进行了深入的探讨,并取得了较为一致的看法。戴季陶的这次访问为期一个多月,他在"东起加尔各答,西至孟买,北至德里,南至海德拉巴,处处都受到印度人的欢迎,和印度各个宗教、各个族姓、各个阶级、各种职业的人,有极亲切的往来"③。1941 年,泰戈尔去世的时候,戴季陶哀恸不已,特地发函表示哀悼。

1942 年 2 月,蒋介石夫妇访问印度,戴季陶一路随行出谋划策,支持印度

---

① 金念祖:《印度概况》,正中书局,1945 年 11 月,第 208 页。
② 刘圣斌:《印度与世界大战》,重庆时与潮社,1944 年 11 月,第 136 页。
③ 金念祖:《印度概况》,正中书局,1945 年 11 月,第 210 页。

国大党的政治活动。在戴季陶的谋划下,蒋介石不仅与英国当局进行直接交涉,甚至一度出面要求美国干预印度事务。第二次世界大战胜利后,南京国民政府积极支持印度独立,印度国大党上台后,中国在所有的国家中最早将驻印度专员公署升格为大使馆,并最早派遣驻印大使到任,提高了中国处理亚洲事务的国际地位,戴季陶功不可没。

1947年,尼赫鲁担任印度总理后,召开了所谓的泛亚细亚会议,邀请戴季陶参加,戴季陶发现西藏地区代表也在邀请之列,考虑到与尼赫鲁的多年友谊,就请国民政府另派人参加,并嘱托参加的代表团团长,一定要把西藏代表列入中国代表团内。在中国代表团的坚持下,尼赫鲁同意了中国代表团的建议,并把地图上的西藏地区划入中国版图内。

崇佛修行 反目辞官

戴季陶虽然是一个资产阶级的革命者、理论者,同时却又是一个非常虔诚的佛教徒,这和他的家庭生活背景有关。他从小就生活在一个佛教氛围浓厚的家庭,他的祖父母、母亲都信仰佛教,戴季陶耳濡目染,久而久之自然被潜移默化。戴季陶的母亲黄太夫人笃信佛教,而且持家有道,秉性慈祥。他在《黄太夫人哀启》中说:"传贤备闻母师之教,而终为不孝之人,缅怀遗徽,惭泣相属。"①1922年,戴季陶在四川的长江上自杀,被人救起后,他认为冥冥中自有天意,自己是佛祖施恩命不该死,从此对佛教深信不疑。他每天与夫人一起烧香拜佛,还给自己取了一个法号——潜园居士,几乎每天参禅、念佛。1931年,戴季陶因弟弟早逝非常悲痛,在南京宝华山特地建了哭弟亭,不久还在宝华山隆昌寺拜性真法师为师,发愿世为法侣。此后,他和南京清凉寺的主持寄尘结识,经常从华侨路81号官邸去清凉寺拜佛诵经,和寄尘讨论佛法要义,俨然是佛门中人。

戴季陶还把多方搜罗来的各种珍本古籍藏于清凉寺内。"1932年初,戴

---

① 时希圣编:《戴季陶言行录》,上海广益书局,1929年,第219页。

季陶在一次家宴上借酒兴向居正、张继两位好友道出自己的真实想法,说他为了保存中华国学国术精粹,立愿在近期将他多方搜求到的以古版四书五经为主的千余册珍本秘籍藏之于清凉山地下,再封闭之。""戴季陶一时兴起,便取出置于红木书匣中的据说已是海内孤本、价值连城的抗倭名将戚继光的《兵备纪要》和据说是岳飞亲自编纂的《军阵方略》,说这些宝书我当也藏于密室,传之后人。"①一个多月后,戴季陶亲自带人在清凉山上察勘合适的藏书地

图 6-7 宝华山隆昌寺观音像

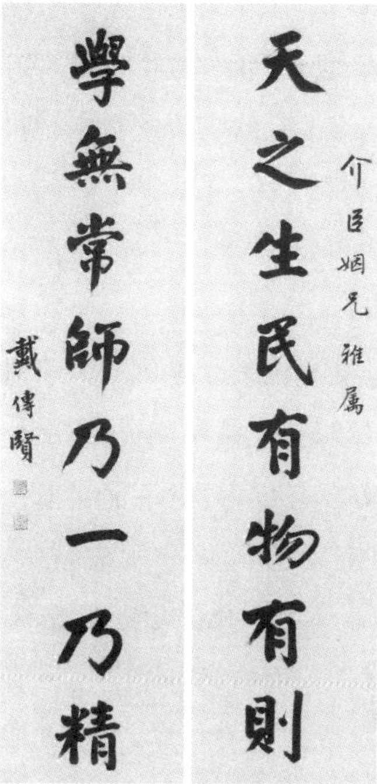

点,足足忙了半个多月才把书籍藏好。抗战爆发后,戴季陶在重庆新设佛堂,日日诵拜,他曾对周佛海夫妇透露他在清凉山藏书的秘密,并说《兵备纪要》是湖南省主席兼国术馆长何键所赠。大汉奸褚民谊从周佛海处得知这一消息后,曾亲自带人到清凉山上挖掘藏书,结果一无所获。

1933 年,九世班禅因为戴季陶虔心向佛,就在南京举行了皈依典礼,正式收戴季陶为弟子,两个人交情十分笃厚,经常书信往来。九世班禅大师圆寂后,戴季陶不顾路途遥远,千里迢迢地从四川前往甘孜,代表国民政府公祭班禅大师。班禅大师在临终前曾嘱咐,将自己

图 6-8 戴季陶的对联

天之生民有物有则
介臣烟兄雅属
学无常师乃一乃精
戴传贤

① 刘亦实:《戴季陶的南京清凉山地下藏书密室之谜》,《人民政协报》,2006 年 3 月 16 日,第 b01 版。

的宝马赠送给戴季陶,戴季陶收到这份珍贵的礼物后睹物思人,十分悲痛。过了不久,这匹宝马竟然得病死了,戴季陶把它安葬在雅安城,并特地立碑纪念。

戴季陶和泰戈尔的交情也可以说因佛教而起,泰戈尔深受佛教精神熏陶,创作了很多宣扬佛教精神的作品,并且经常参加各种佛教活动,因此,戴季陶认为泰戈尔是佛教圣人,两个人在一起时经常讨论佛教话题。戴季陶访问印度期间,把佛教文化作为连接中印友谊的桥梁和纽带,他经常参观佛教圣地,和当地人士探讨佛法,得到印度各界的认同。"戴季陶选择在圣地尼克坦印度国际大学的中国学院和瓦拉纳西鹿野园的中华佛寺两处勒石为记,表达了汉地信众对西天佛国的朝圣情结,阐发了中印文化异地同时且两国源远流长的交流史。"①

戴季陶本人出于对佛教的虔诚信仰,和蒙藏边疆等地的佛教领袖关系甚笃,同时,他从维护国家统一和领土完整的角度,认为佛教文化也是南京国民政府处理边疆问题时必须慎重考虑的因素,处理好宗教问题,就可以处理好边疆问题。"与九世班禅的书信中,戴季陶如此言:'传贤确信应负此救国救世之大责任者,为吾佛教徒,而有此能力者,亦为我佛教徒也',可见中年后的戴季陶似乎已将佛法振兴视为民族团结和国家发展的重要前提了。"②南京国民政府有关部门在处理边疆事务时,经常向戴季陶求教。

值得一提的是,戴季陶认为,孙中山的三民主义与佛教六度同义。佛教六度波罗蜜是指布施、持戒、忍辱、精进、禅定、般若(智慧)。戴季陶说,革命党人"牺牲生命以贡献主义是布施之精义","信仰主义必有所为,行革命必有所不就,言必有信,行必尽忠,严守秘密,誓共生死,即持戒之本体","孤忠自失,苦节自持,蜚短流长,置若罔闻乃忍辱之微意","一心一意,彻始彻终,百折不回,穷且益坚,斯精进素质也","履险如夷,临危不动,择善固执,无问生死,所谓富贵不淫,贫贱不移,威武不屈者,其禅定之极也","至若知难行易之教,科学救

① 章立明:《发挥佛教在中印交流中的纽带作用——以戴季陶访印期间的两块碑志为例》,《南亚研究季刊》,2016年第2期。
② 王玲:《民国政要戴季陶与藏传佛教》,《五台山研究》,2011年第4期。

国之方,革心救人之道,斯乃智慧之慈航,而化迷之甘露"。因此,戴季陶认为孙中山的三民主义理论,强调革命者的牺牲精神,要求革命者坚定信仰,为了革命事业忍辱负重,百折不挠日益精进,坚定不移犹如禅定,三民主义精神就是救国救民的大般若智慧。他说,"总理的三民主义完全由牺牲自己,救人救世而起,此与大乘佛教普救众生之心,无有二致","我绝对相信三民主义的精神,和皈依三宝的精神完全一样"。

戴季陶担任考试院院长后,由于他所主张的官员考选制度虽然名义上被采纳推行,但南京国民政府的达官显贵们为了一己私利任人唯亲,屡屡任意糟蹋考试条例法规,戴季陶的宏伟抱负只能是一个无法实现的空中楼阁,他曾多次向蒋介石施压,希望自己所主张的考选制度能够被严格执行,但南京政府积弊已深、腐败成风,蒋介石虽然知晓,也无回天之力。戴季陶灰心失望之余,曾多次辞职,为蒋所不允。

西安事变发生后,戴季陶和其他国民党政要一起到何应钦公馆商量对策,戴季陶坚决主张出兵讨伐,戴季陶称:"如果我们今天再不能决定讨逆的大计,大局垮了,我们何面目以对总理、何面目以对蒋先生。"①戴季陶对何应钦说,"万一有意外,我二人作文武翁仲耳!"②陈果夫和陈布雷都曾回忆说,戴季陶当时情绪十分激动,而正是在戴季陶的坚持下,大家通过了立即发动军队讨伐的决定。为此,戴季陶还和宋美龄、孔祥熙发生了激烈的争执。宋美龄认为武力讨伐是一种"非健全的行动",③孔祥熙也说急狠了蒋介石就没命了,戴季陶说孔祥熙说的是外行话,"这件事非采取主动不可,非用兵不可,否则很难挽救委员长的生命,因为我们没有掌握张杨的生命"。④ 宋子文责怪戴季陶坚持武力讨伐的主张,戴却说,"我同介石的关系,决不下于你们亲戚,老实说,我的这

① 陈天锡编:《戴季陶先生文存三续编》,(台北)中国国民党中央委员会,1971年,第338页。
② 陈天锡编:《戴季陶先生的生平》,(台北)商务印书馆,1968年,第91页。
③ 宋美龄:《西安事变回忆录》,《西安事变资料选辑》,西北大学历史系中国现代史教研室,1979年,第517页。
④ 张魁堂、丁雍堂:《关于西安事变的几项疑义》,《新华文摘》,1987年第3期。

一套也是为了救他","你们也不能反对我的意见,因为这是政治问题"。① 在戴季陶等人的坚持下,居正宣布,"军政当局应照昨日决议,严密迅速处理此次事变"。②

蒋介石返回南京后,宋美龄出版了《西安半月记》和《西安事变回忆录》两书,痛斥了西安事变时的讨伐派,不点名地批评了戴季陶、何应钦等人,戴季陶意识到蒋介石已经对他不满,从此与蒋介石的关系日益疏远。抗战胜利后,南京国民政府制定《中华民国宪法》时,居然没有让戴季陶参加,这让戴季陶非常地不能接受,他知道自己已经不再是蒋介石最信任的人,开始郁郁寡欢,消沉不已。

图6-9 抗战时期的戴季陶(二排右三)

1948年春,蒋介石和戴季陶曾经有过一次交谈。发动内战以后,胡宗南在陕北用兵屡屡失败,蒋介石军事上的所谓重点进攻面临失败,蒋介石想请戴季陶出谋划策力挽狂澜,不想,戴季陶却借此机会,大大地发了一通牢骚。他公开批评蒋介石钦点的爱将胡宗南不会用兵,在陕北损兵折将,后来干脆直接批评蒋介石当初对红军进行"围剿"不力,让共产党跑到陕北,以至于"留下后

① 周一志:《戴季陶坚决讨伐张、杨》,《西安事变亲历记》,中国文史出版社,1986年,第279页。

② 南京档案馆:《中国国民党政治会议记录》,《党史研究资料》,1987年第6期。

患"。两人话不投机,蒋介石不由得拂袖而去。同年4月,国民党操纵下的"行宪"国民大会选举总统、副总统,美国不支持蒋介石任总统,蒋介石欲擒故纵,提出不当总统候选人,戴季陶一眼看穿蒋介石的真实想法,直接跳上台去竭力为蒋介石鼓吹,公开支持蒋介石担任总统,在关键时刻扭转了局面。"最后通过一项决议,推张群、吴铁城等五人向蒋介石劝驾。"①在戴季陶等人的推动下,"蒋介石获票2430张,被推上了总统宝座,陪选的居正仅得票269张"。②同时,戴季陶还竭力为蒋介石所支持的孙科竞选副总统向边疆省区代表拉票。但是一年不到,蒋介石被迫下野,反而责怪戴季陶当初硬要他当总统,他说:"去年我在党中央委员会扩大会议上提出不担任总统的职务,但党内同志尤以一些老同志坚持反对,一定要我担任总统,结果因副总统的竞选问题,弄得党内意见分歧,离心离德,对外对内,都受到很大影响。"戴季陶吃力不讨好,心情更加郁闷。1948年6月,戴季陶身体状况日益不佳,与蒋介石的矛盾也渐渐

图6-10 在蒋介石身边就餐的戴季陶

---

① 宋希濂:《和谈前夕蒋介石的幕后操纵和李宗仁的备战部署》,《文史资料选辑》,第32辑,中国文史出版社,1997年,第112页。

② 国民大会秘书处编:《国民大会实录》第1编,1947年,第269页。

恶化,他提出辞职终于被允许,改任国史馆馆长。

1948 年 11 月,戴季陶的好友陈布雷自杀,这件事对戴季陶打击很大。"得知陈布雷的死讯后,戴季陶赶到陈布雷的床前嚎啕大哭,'啊,布雷,布雷,我跟你去,我跟你去,人生总有一死,我的心已死了'。"[1]军队的溃败使他更加绝望,身体状况也更加恶化。蒋介石多次敦请戴季陶去广州或者台湾,在蒋纬国的劝说下,戴季陶被迫无奈,前往广州。戴季陶到广州后住国民党广东省政府的招待所迎宾馆,不想几天后由于孙科任院长的行政院搬入办公,戴季陶被迫搬到条件较差的东园宾馆招待所,心情更差。1949 年 2 月 12 日,戴季陶由于心脏衰弱突发而去世(医院结论),终年 58 岁。坊间传闻,由于当日凌晨为克制疼痛加强睡意,他吞服了大量安眠药(近 70 粒),因此,关于他的死,外界的一般说法是"自杀"。

国民党元老、蒋介石的智囊和把兄弟、国民党内最权威的"理论家"——戴季陶,就这样永远地退出了历史舞台。

---

① 王泰栋:《陈布雷外史》,中国文史出版社,1987 年,第 23 页。

参考文献

一、专著

1. 包德华：《民国名人传记辞典》第 10 分册，中华书局，1981 年版。

2. 卞稚珊：《我所知道的胡汉民被囚汤山的经过》，文史资料研究委员会：《广东文史资料》第 48 辑，1963 年版。

3. 曹群：《黄埔教父孙中山》，东方出版社，2014 年 1 月第 1 版。

4. 陈天锡：《迟庄回忆录》第四编，(台北)文海出版社，1974 年第 1 版。

5. 陈天锡：《戴季陶先生的生平》，(台北)商务印书馆，1968 年版。

6. 陈天锡编：《戴季陶先生文存》，(台北)中国国民党中央委员会，1959 年版。

7. 陈天锡编：《戴季陶先生文存再续编》，(台北)商务印书馆，1968 年版。

8. 陈天锡编：《戴季陶先生文存三续编》，(台北)中国国民党中央委员会，1971 年版。

9. 陈宇编著：《黄埔军校年谱长编》，华文出版社，2014 年 11 月第 1 版。

10. 戴季陶：《戴季陶先生最近讲演集》第 1 编，国立中山大学事务管理出版部，1927 年版。

11. 戴季陶：《国民革命与中国国民党》，中国文化服务出版社，1941 年 8 月版。

12. 戴季陶：《戴季陶集》，上海三民公司，1929 年 11 月版。

13. 戴季陶：《青年之路》，上海民智书局，1928 年版。

14. 戴季陶：《日本论》，九州出版社，2005 年 4 月。

15. 范小芳、包东波、李娟丽：《戴季陶传》，团结出版社，2007 年 1 月第

1 版。

16. 国民大会秘书处编:《国民大会实录》第 1 编,1947 年版。

17. 哈战涌编著:《民国政府五院院长》,台海出版社,2013 年 5 月。

18. 黄季陆:《总理全集》,近芬书屋,1944 年 7 月版。

19. 蒋介石:《蒋委员长言论类编·教育文化言论集》,(台北)正中书局,1941 年版。

20. 蒋玉珉:《合作经济思想史论》,山西经济出版社,1999 年 12 月第 1 版。

21. 金念祖:《印度概况》,正中书局,1945 年 11 月版。

22. 瞿秋白:《瞿秋白论文集自序》,《中国近代哲学史资料选编》(第四卷)上海社会科学院出版社,1989 年第 1 版。

23. 黎洁华、虞苇:《戴季陶传》,广东人民出版社,2003 年 6 月第 1 版。

24. 李飞鹏:《考铨法规概要》,(台北)五南图书出版公司,1985 年 1 月版。

25. 廖仲恺:《双清文集》下卷,人民出版社,1985 年版。

26. 刘圣斌:《印度与世界大战》,重庆时与潮社,1944 年 11 月版。

27. 罗刚编著:《中华民国国父实录》,(台北)正中书局,1988 年版。

28. 毛利霞:《黄埔名师戴季陶》,东方出版社,2014 年 1 月第 1 版。

29. 桑兵、朱凤林编:《中国近代思想文库·戴季陶卷》,中国人民大学出版社,2014 年 4 月第 1 版。

30. 上海社会科学院历史研究所编:《辛亥革命在上海史料选辑》,上海人民出版社,1966 年版。

31. 尚明轩主编:《孙中山全集》第十三卷,人民出版社,2015 年第 1 版。

32. 沈云龙:《中国共产党之来源》,(台北)文海出版社,1971 年版,第 6 页。

33. 时希圣编:《戴季陶言行录》,上海广益书局,1929 年版。

34. 《宋庆龄选集》上卷,人民出版社,1992 年版。

35. 《宋庆龄选集》,中华书局,1966 年。

36. ［美］孙穗芳：《我的祖父孙中山》，南京大学出版社，2017年版。

37. 孙中山筹备委员会：《哀思录》，1929年版。

38. 孙中山：《民族主义》第六讲，1924年3月2日。

39. 孙中山：《孙大总统五权宪法讲演录》，广东官印刷局，1921年版。

40. 唐文权、桑兵编：《戴季陶集》，华中师范大学出版社，1990年版。

41. 滕峰丽：《民国时期的三民主义——戴季陶思想研究（1909—1928）》，河南大学出版社，2012年12月。

42. 王泰栋：《陈布雷外史》，中国文史出版社，1987年版。

43. 文化研究社：《中国五大伟人手札》，大方书局，1940年再版。

44. 吴相湘：《戴天仇季陶传贤三位一体》（《民国百人传》第二册），（台北）传记文学出版社，1971年版。

45. 夏衍：《懒寻旧梦录》，三联书店，1985年版。

46. 萧邦奇：《血路——革命中国中的沈定一（玄庐）传奇》，周武彪译，江苏人民出版社，1999年第1版。

47. 谢振民：《中华民国立法史》，南京正中书局，1937年1月版。

48. 徐矛：《中华民国政治制度史》，上海人民出版社，1992年版。

49. 杨恺龄：《民国吴稚晖先生敬恒年谱》，（台北）商务印书馆，1981年4月版。

50. 杨天石：《蒋氏密档与蒋介石真相》，重庆出版社，2015年11月第1版。

51. 杨学为：《中国考试史文献集成》，高等教育出版社，2003年第1版。

52. 余方德：《风流政客戴季陶》，上海人民出版社，2003年版。

53. 俞辛焞、王振锁编译：《孙中山在日活动密录》（1913.8—1916.4），南开大学出版社，1990年版。

54. 恽代英：《恽代英文集》，人民出版社，1984年版。

55. 张磊、张苹：《孙中山图传》，广东教育出版社，2011年10月。

56. 张玉法主编：《中国现代史论集》，（台北）联经出版事业公司，1982

年版。

57. 中国第二历史档案馆编:《中国国民党第一、第二次全国代表大会会议史料》上册,江苏古籍出版社,1986 年版。

58. 中国革命博物馆党史研究室:《党史研究资料》,1981 年第 6、7 期合刊。

59. 中国国民党中央执行委员会宣传部:《中国国民党第三次全国代表大会宣言及决议案宣传大纲》,中国国民党中央执行委员会宣传部印,1929 年6 月。

60. 中国国民党中央党史史料编纂委员会编著:《革命先烈先进诗文选集》第 4 册,"中华民国"各界纪念"国父"百年诞辰筹备委员会,1965 年。

61. 中国社会科学院现代史研究室:《"一大"前后》(三),人民出版社,1980 年第 1 版。

62. 中国社会科学院近代史研究所中华民国史研究室、中山大学历史系孙中山研究室、广东省社会科学院历史研究室合编:《孙中山全集》第 1 卷,中华书局,1981 年版。

63. 中国社会科学院近代史研究所中华民国史研究室、中山大学历史系孙中山研究室、广东省社会科学院历史研究室合编:《孙中山全集》第 5 卷,中华书局,1983 年版。

64.《周恩来选集》上卷,人民出版社,1980 年版。

65. 周一志:《戴季陶坚决讨伐张、杨》,《西安事变亲历记》,中国文史出版社,1986 年版。

66. 周佛海:《往矣集》,(香港)大道出版社,2009 年 10 月版。

67. 朱传誉主编:《戴季陶先生传记资料》第 4 辑,(台北)天一出版社,1985 年版。

68. 邹鲁:《回顾录》,独立出版社,1944 年版。

69. 邹鲁:《中国国民党史稿》,东方出版中心,2011 年 11 月版。

二、文章

1. 陈予欢:《戴季陶与黄埔军校》,《黄埔》2017 年第 3 期。

2. 戴季陶:《关于民国建设方针的主张》,《星期评论》第二号,1919 年 6 月 15 日。

3. 戴季陶:《访孙先生的谈话》,《星期评论》第三号,1919 年 6 月 22 日。

4. 戴季陶:《女子解放从哪里做起》,《星期评论》第八号,1919 年 7 月 27 日。

5. 戴季陶:《日本对华政策与其政治组织》,《新亚细亚》第 3 卷第 1 期,1931 年 10 月 1 日。

6. 戴季陶(季陶):《我的日本观》,《建设》第一卷第一号,1919 年 8 月 1 日。

7. 戴季陶:《中国劳动问题的现状——上海的劳动条件如何》,《星期评论》第三十五号 1920 年 2 月 1 日。

8. 杜元载:《接受蒋委员长中正关于外交之建议案》,台湾《革命文献》第 67 辑,台湾"中央"文物供应社,1978 年版。

9. 何香凝:《对孙中山先生的片段回忆》,《人民日报》,1956 年 10 月 29 日。

10. 黄季陆:《怀念戴季陶先生》,(台北)《传记文学》,第 6 卷第 2 期。

11. 黄贻谋:《戴季陶二三事》,《文史资料选辑》总第 119 期,中国文史出版社,1989 年版。

12. 李洁之:《胡汉民被囚汤山侧闻》,文史资料研究委员会:《广东文史资料》第 8 辑,1963 年版。

13. 李娟丽,严雄飞:《抗战时期戴季陶与中印文化交流》,《山东师大学报》1998 年第 3 期。

14. 刘亦实:《戴季陶的南京清凉山地下藏书密室之谜》,《人民政协报》2006 年 3 月 16 日,第 b01 版。

15. 刘利民:《二十世纪初戴季陶宪政思想初探》,湖南师范大学硕士学位论文,2002 年 5 月。

16. 刘灵香:《戴季陶联邦宪政思想研究》,湖南大学硕士学位论文,2016 年 5 月。

17. 马佩英:《戴季陶政治思想论》,《史学月刊》1997 年第 3 期。

18. 南京档案馆:《中国国民党政治会议记录》,《党史研究资料》1987 年第 6 期。

19. 欧阳军喜:《国民党与新文化运动——以〈星期评论〉、〈建设〉为中心》,《南京大学学报》2009 年第 1 期。

20. 邵雍:《上海证券物品交易所简介》,《民国档案》1991 年第 2 期。

21. 申德成:《戴季陶主义浅谈》,《传承》2008 年第 6 期。

22. 石柏林:《孙中山与马克思主义》,《湘潭大学社会科学学报》1984 年第 1 期。

23. 宋美龄:《西安事变回忆录》,《西安事变资料选辑》,西北大学历史系中国现代史教研室,1979 年。

24. 宋希濂:《和谈前夕蒋介石的幕后操纵和李宗仁的备战部署》,《文史资料选辑》第 32 辑,中国文史出版社,1997 年版。

25. 王列平:《二十世纪初共产党宣言在中国的传播》,《文史精华》2007 年第 6 期。

26. 王玲:《民国政要戴季陶与藏传佛教》,《五台山研究》2011 年第 4 期。

27. 韦杰廷:《四一二反革命政变前的戴季陶》,《长沙水电师院学报》1988 年第 2 期。

28. 魏伯桢:《上海证券物品交易所与蒋介石》,《文史资料选辑》第 49 辑,中国文史出版社,1990 年 4 月。

29. 许红霞、李红河:《蒋介石和戴季陶之政治关系探察》,《吉林师范大学学报》2006 年 6 月第 3 期。

30. 张魁堂、丁雍堂:《关于西安事变的几项疑义》,《新华文摘》1987 年第

3 期。

31. 张绪雄:《浅析戴季陶的"实业救国论"》,《河南广播电视大学学报》2010 年 7 月第 3 期。

32. 张玉萍:《讨袁时期戴季陶对日本认识的转变》,《广东社会科学》,2011 年第 6 期。

33. 章立明:《发挥佛教在中印交流中的纽带作用——以戴季陶访印期间的两块碑志为例》,《南亚研究季刊》2016 年第 2 期。

后　记

　　本书是"孙中山与他的秘书们"丛书系列之一。戴季陶作为追随孙中山时间最长的秘书之一,在中国近现代史上也是一个曾经叱咤风云的人物,研究他的著作有很多。我们试图从孙中山对戴季陶的影响的角度,来诠释这样一个复杂的民国人物;也从戴季陶对孙中山的紧密追随这一角度,来突出一代伟人孙中山独特的人格魅力。本书由高萍萍和顾武英分别执笔,前三章由高萍萍写作,后三章由顾武英写作。全书统稿和配图由高萍萍、顾武英协力完成。

　　本书是在众多师友们的关心鼓励下写成的。南京大学出版社杨金荣、耿飞燕教授给予了很多的指点,中山陵园管理局孙中山纪念馆闻慧斌、佘明贵、卢立菊等领导给予了很多的关心,东南大学校史研究室郭淑文老师给予了很多的帮助。在此一并致谢!

　　由于我们水平有限,本书难免会存在一些缺点和错漏,敬请读者批评指正。

高萍萍　顾武英

2018 年 11 月 12 日于南京

图书在版编目(CIP)数据

孙中山与戴季陶 / 高萍萍，顾武英著. — 南京：
南京大学出版社，2020.8
（孙中山与他的秘书们 / 梅宁主编）
ISBN 978 - 7 - 305 - 23119 - 3

Ⅰ. ①孙… Ⅱ. ①高… ②顾… Ⅲ. ①孙中山(
1866—1925)—生平事迹②戴季陶(1890—1949)—生平事迹
Ⅳ. ①K827＝6

中国版本图书馆 CIP 数据核字(2020)第 155510 号

出版发行	南京大学出版社
社　　址	南京市汉口路 22 号　　　　邮　编　210093
出 版 人	金鑫荣
丛 书 名	孙中山与他的秘书们
丛书主编	梅　宁
书　　名	**孙中山与戴季陶**
著　　者	高萍萍　顾武英
责任编辑	潘琳宁　　　　　　　　　编辑热线　025 - 83593947
照　　排	南京南琳图文制作有限公司
印　　刷	南京玉河印刷厂
开　　本	718×1000　1/16　印张 11　字数 154 千
版　　次	2020 年 8 月第 1 版　2020 年 8 月第 1 次印刷
ISBN	978 - 7 - 305 - 23119 - 3
定　　价	35.00 元

网址：http://www.njupco.com
官方微博：http://weibo.com/njupco
官方微信号：njupress
销售咨询热线：(025) 83594756